FANTASTISCH!
Deutsch für Jugendliche

Arbeitsbuch A1

Jocelyne Maccarini
Florian Boullot
Aurélie Déchalotte
Nolwenn Hass
Bente Lowin Kropf
Adeline Haug

Ernst Klett Sprachen
Stuttgart

Von: Florian Boullot, Aurélie Déchalotte, Nolwenn Hass, Bente Lowin Kropf.
Grammatik- und Wortschatzseiten: Adeline Haug

Pädagogische Leitung: Jocelyne Maccarini

Redaktion und Anpassung der internationalen Ausgabe: Bettina Melchers
Projektleitung: Sabine Harwardt
Layoutkonzeption: Laurianne Lopez
Illustrationen: Olga Carmona Peral
Gestaltung und Satz: Satzkasten, Stuttgart
Umschlaggestaltung: Alexandra Veigel

Fantastisch A1 – Materialien
Kursbuch mit Audios und Videos zum Download   978-3-12-676711-8
Übungsbuch mit Audios und Videos zum Download   978-3-12-676712-5
Lehrerhandbuch   978-3-12-676713-2

Audios und Videos finden Sie im Internet unter
www.klett-sprachen.de/fantastisch
Code: fAnta@X1

Zu diesem Buch gibt es Audios und Videos, die mit der Klett-Augmented-App geladen und abgespielt werden können.

| Klett-Augmented-App kostenlos downloaden und öffnen | **Seiten mit Audios und Videos** scannen | Audios und Videos laden, direkt nutzen oder speichern |

Scannen Sie diese Seite für weitere Komponenten zu diesem Titel.

1. Auflage   1 ⁵ ⁴ ³ | 2024 2023 2022

© Ernst Klett Sprachen GmbH, Rotebühlstraße 77, 70178 Stuttgart, 2019
© der Originalausgabe: Éditions Maison des Langues, Paris, 2016 und 2017
Alle Rechte vorbehalten.
www.klett-sprachen.de

Das Werk und seine Teile sind urheberrechtlich geschützt. Jede Nutzung in anderen als den gesetzlich zugelassenen Fällen bedarf der vorherigen schriftlichen Einwilligung des Verlags.

Druck und Bindung: Elanders GmbH, Waiblingen

ISBN 978-3-12-**676712**-5

Inhalt

1. **Kennenlernen** 4
2. **Das mag ich!** 12
3. **Familie ist toll!** 22
4. **Was haben wir jetzt?** 32
5. **Eine Currywurst, bitte!** 42
6. **Geschichten erzählen** 52
7. **Freundschaft über Grenzen** 62
8. **Kleider machen Leute** 72
9. **Meine Welt** 82

Grammatikübersicht 92

1 Kennenlernen

1 Hallo und tschüss!

A Hör die Dialoge. Wann sprechen die Leute? Markiere.

Dialog 1
- ○ morgens
- ○ mittags
- ○ nachmittags
- ○ abends

Dialog 3
- ○ morgens
- ○ mittags
- ○ nachmittags
- ○ abends

Dialog 2
- ○ morgens
- ○ mittags
- ○ nachmittags
- ○ abends

Dialog 4
- ○ morgens
- ○ mittags
- ○ nachmittags
- ○ abends

B Lies die Ausdrücke. Wann sagst du das? Ergänze die Tabelle.

	Begrüßung	Abschied
immer		
morgens		
nachmittags		
abends		
nachts		

a. Guten Morgen!   b. Bis morgen!
c. Guten Abend!   d. Auf Wiedersehen!
e. Hallo!   f. Tschüss!   g. Gute Nacht!
h. Hi!   i. Guten Tag!   j. Mach's gut!
k. Bis später!

C Ergänze die Dialoge.

1 ● ……………………… Morgen, Maria!
  ○ ………………………, Tim! Ich habe jetzt Mathetest!
  ………………………!
  ● ……………………… gut, Maria!

2 ● Ich gehe nach Hause. ………………………, Ben!
  ○ ………………………, Lukas!
  Bis ………………………!

Schritt 1 • Hallo, wie geht's?

D Was sagst du? Kreuze die richtige Option an.

a. ● ☐ Hallo, Jens! ○ ☐ Guten Morgen! ☐ Mach's gut!
b. ● ☐ Guten Morgen, Frau Stark. ☐ Wie geht es dir? ☐ Wie geht es Ihnen?
c. ● ☐ Tschüss, Anne! ○ ☐ Bis morgen! ☐ Guten Morgen!
d. ● ☐ Ich bin müde! ☐ Gute Nacht! ☐ Guten Abend!
e. ● ☐ Auf Wiedersehen, Matti! ○ ☐ Tschüss, Frank! ☐ Guten Tag, Frank!
f. ● ☐ Hallo, Herr Schmidt. ○ ☐ Guten Abend, Herr Meisner. ☐ Gute Nacht, Herr Meisner.

2 Wie geht es dir?

A Wie geht es den Jugendlichen? Schreib Sätze wie im Beispiel.

A   B   C   D   E

gestresst   ~~müde~~   traurig   krank   glücklich

Situation A	Situation B	Situation C	Situation D	Situation E
Sie ist müde.				

B Hör zu. Wie geht es den Jugendlichen? Schreib Sätze wie im Beispiel.

Montag — Am Montag ist Lukas krank.
Dienstag — Am Dienstag
Mittwoch —
Donnerstag —
Freitag —

C Wie ist der Dialog? Nummeriere die Sätze.

☐ Auch gut, danke! Tschüss Max!　☐ Wie geht es dir?
☐ Auf Wiedersehen Frau Haase!　1 Hallo, Max!
☐ Guten Tag, Frau Haase!　☐ Prima, danke! Und Ihnen?

D Wortschlange! Finde 6 Wochentage. Welcher Tag fehlt?

MONTAGTRAURIGDIENSTAGSONNTAGESTRESSTSFREITAGSUPERMITTWOCHSAMSTAG

Dieser Tag fehlt: ....

fünf 5

1 Wer bin ich?

A Ergänze den Text.

- Hallo, ist .... frei?
- Klar! Bitte! Wie .... du?
- Ich heiße Jonas. Und du?
- Ich bin .... Das ist Anne.
- ▲ ....!
- Wie alt .... du?
- Ich bin 14 .... alt. Und du, Leonie?
- .... bin 13.
- .... wohnst du?
- In München.
- Ich ....!

| wo | Jahre | auch | heißt | bist | hier | ich | hallo | Leonie |

B Hör zu und kontrolliere deine Antworten in 1A.

C Was passt? Verbinde. Ergänze die Sätze rechts.

1. Wie heißt du?
2. Wer bist du?
3. Wie alt bist du?
4. Wo wohnst du?
5. Wie geht es dir?

a. Ich bin .... Jahre alt.
b. Ich bin ....
c. Ich wohne in ....
d. Super, danke, und dir?
e. Ich heiße ....

D Hör zu. Welche Antwort passt? Nummeriere.

- a. Gut, danke!
- b. Ich bin 14 Jahre alt.
- c. Sie ist 13 Jahre alt.
- d. Ich heiße Mila.
- e. Er heißt Ali.
- f. Das ist Frau Finke.
- g. Sie wohnen in München.
- h. Wir wohnen in Freising.

E Sieh dir die Fotos an und lies die Informationen. Schreib zu jedem Foto drei Fragen und drei Antworten.

a. Max und Moritz, 1 Jahr, Köln
Wie heißen sie? Sie

b. Rocky, 2 Jahre, Düsseldorf

c. Agnes, 20 Jahre, Zürich

6 sechs

Schritt 2 • Das bin ich! 1

2 Unser Schulforum

 A Wer mag was? Schreib Sätze ins Heft. Der Kasten hilft.

Yoga • Fußball • Musik • Papageien • Reisen • Fotografie • Computer • Ballett • Kaffee

 Miez
 Waltraud
 Annika und Tim
 Dvalin

 Hansi
 Lisa
 Max
 Laura
 Jana

Miez mag Musik.

 B Lies die Einleitung im Forum und stell dich vor.

Foren → Fragen → Stell dich vor!   23 👍   1 👎
Updated: Montag, 04.03.20.., 10:15 Uhr

KING.BEN.2004   Hallo! Willkommen im Forum „Deutschlernen macht Spaß" der Schule!   📊 Umfrage
147 posts   Stell dich bitte vor: Wer bist du? Wie heißt du? Wie alt bist du? Was magst du?
★ Admin   Wie geht es dir?

Am: ...., ... , ... : .... Uhr
Username: ....
....

 C Buchstabenrätsel! Finde die Nummern von 1 bis 12 und schreib sie an die richtige Stelle. Findest du auch das Extrawort?

S	H	L	D	C	V	E	E	I	A	E	F
I	N	E	U	N	I	I	Y	M	C	C	Ü
E	F	R	G	J	D	N	Q	E	H	M	N
B	Y	A	Q	X	E	S	B	V	T	O	F
E	Z	C	V	H	O	R	S	I	W	L	K
N	W	E	I	Y	S	I	E	E	U	J	X
Z	E	H	N	E	P	G	C	R	D	A	J
E	I	E	U	T	I	O	H	I	R	L	T
B	H	S	D	R	E	I	S	U	Y	E	J
Q	Y	P	E	S	L	F	U	V	I	L	M
U	U	P	J	Q	E	U	U	I	M	F	G
Z	W	Ö	L	F	N	D	U	E	D	I	A

1 *eins*   7 ....

2 ....   8 ....

3 ....   9 ....

4 ....   10 ....

5 ....   11 ....

6 ....   12 ....

Extrawort: **Ich mag** ....

sieben 7

1

1 Großschreibung

A Schreib die Texte richtig.

1. mareikewohntinmünchensieistdreizehnund liebtmusik

2. peterliebtdienaturerwohntinheidelbergund istvierzehnjahrealt

3. annawohntinhamburgundmaghamburger

4. sebastianistvierzehnerwohntinkölnermag popmusik

5. julianewohntinhamburgsieistdreizehnjahrealt undliebtfußball

B Finde im Buchstabenrätsel zehn Wörter und notiere sie. Überlege: groß oder klein?

R	J	Z	H	A	Z	M	C	H	Y	G
Q	A	B	E	N	D	I	T	G	Z	E
F	P	W	U	B	S	T	A	D	X	I
U	S	I	T	U	A	T	I	O	N	O
S	C	C	E	K	T	W	O	B	J	U
S	Y	H	P	L	M	O	Z	E	K	A
B	X	W	U	I	Q	C	V	R	L	W
A	H	Ö	R	E	N	H	N	L	M	S
L	F	A	T	R	A	U	R	I	G	P
L	F	Ü	N	F	Z	E	H	N	K	R

2 Der Aussagesatz

Schreib Sätze wie im Beispiel.

1. Donnerstag • Heute • ist
   Heute ist Donnerstag.

2. bin • traurig • Ich

3. Lena • ihren Hamster • liebt

4. ist • Sie • gestresst

5. Der Hamster • krank • ist

6. Markus und Ina • alt • sind • 15 Jahre

7. wohnen • Madrid • Wir • in

3 Das Verb sein im Singular Präsens

A Lies den Text und ergänze die richtige Form von sein.

Hallo! Mein Name .... Ciara. Ich ....
13 Jahre alt und wohne in Rom. Ich habe einen
Bruder, Vicenzo. Er .... 8 Jahre alt. Und du?
Wie alt .... du?

B Schreib nun einen kurzen Text über dich.

C Schreib Sätze mit den Wörtern.

1. das • Herr Funke • sein

2. mein Name • Frida • sein

3. das • das Deutschbuch • sein

4. ich • aus Österreich • sein

5. du • gestresst • sein

acht

Gramma-Tipps EXTRA 1

4 Schwache Verben im Singular Präsens

A Was passt? Verbinde.

Ich | heiße José.
Lukas | wohnst in Frankfurt.
Du | liebt Musik.

B Hören, spielen, malen und sitzen sind auch schwache Verben. Konjugiere sie.

	hören	spielen	malen	sitzen
ich	höre			
du		spielst		
er				sitzt
sie			malt	

C Schreib nun Sätze. Denk an die Verbform.

1. ich • hören • immer • Musik
   Ich höre immer Musik.

2. Peter • malen • ein Bild
   ....

3. Annette • wohnen • in Rosenheim
   ....

4. der Junge • heißen • Christoph
   ....

5. ich • lieben • Schokolade
   ....

6. du • spielen • gut • Tennis
   ....

7. ich • sitzen • hier
   ....

8. du • spielen • Basketball
   ....

5 Der Fragesatz mit wie, wer, wo, was

A Lies die Antworten und schreib Fragen.

1. ....?
   Ich wohne in Barcelona.

2. ....?
   Ich heiße Barbara.

3. ....?
   Ali ist 12 Jahre alt.

4. ....?
   Das ist mein Deutschbuch.

5. ....?
   Antonia mag Musik und Sport.

B Was ist falsch? Korrigiere.

1. Wer heißt deine Mutter?
   ....

2. Was alt bist du?
   ....

3. Wie gut es dir?
   ....

4. Was bist du?
   ....

5. Wo ist dein Hobby?
   ....

6. Was wohnst du?
   ....

C Schreib Antworten auf die Fragen in 5B.

1. ....
2. ....
3. ....
4. ....
5. ....
6. ....

6 Das Verb mögen im Singular Präsens

Ergänze den Dialog mit den richtigen Formen von **mögen**.

● Mein Freund Marco .... Hamster. Und du? Was .... du?

○ Ich .... Pelikane. Aber auch Giraffen.

● Giraffen? Ich .... auch Giraffen. Und meine beste Freundin .... Tiger.

neun 9

1

1 Begrüßung und Abschied

Was passt zusammen? Verbinde und notiere.

~~Guten~~   Mach's   ~~Tag~~   Wieder   Gute

Nacht   Auf   Bis   sehen   morgen

Morgen   Guten   gut

Begrüßung

Guten Tag!

....

Abschied

....

....

2 Wie geht es dir?

Was antwortest du? Schreib wie im Beispiel.

🙂 Mir geht es gut!
😕 ....
😮 ....
😃 ....
🙁 ....
☹️ ....
😢 ....

3 Wochentage

Ergänze den Text mit den richtigen Tagen und Wochentagen.

Der 20.10. ist Dienstag. Der 19.10. ist .... und der 21.10. ist .... Der 22.10. ist .... Das Wochenende ist am .... 10. und .... 10. Der .... 10. ist Freitag. Am 25.10. ist .... : Mein Geburtstag!

4 Persönliche Informationen

Lies den Text und ergänze den Steckbrief.

Die Katze heißt Mareike. Sie wohnt in München. Sie ist zwei Jahre alt und sie mag Musik.

.... : Mareike

.... : München

.... : 2

.... : Musik

5 Die Zahlen bis 20

A Ergänze die fehlenden Buchstaben und schreib die Zahlen in Ziffern.

..........ier – .... • sec..........s – .... • a..........ht – .... •

ne..........n – .... • z..........ei – .... • el.......... – .... •

f..........nfze..........n – .... • si..........b..........ehn – .... •

z..........hn – .... • z..........anzi.......... – .... •

sie..........zeh.......... – ....

B Ergänze das Kreuzworträtsel. Was ist das Lösungswort?

```
        17 ▢▢▢▢▢▢
        0  ▢
        +  ▢
        11 ▢▢▢▢
   14 ▢▢▢▢▢▢▢
```

C Welche Zahlen fehlen? Notiere.

1. zehn – zwölf – vierzehn – sechzehn
2. null – fünf – zehn – ....
3. .... – acht – vier – zwei – ....
4. eins – zwei – vier – sieben – ....

Lexi-Spiele EXTRA 1

Meine Wörter
Welche Wörter und Ausdrücke aus dieser Lektion sind für dich wichtig? Ergänze die Mindmap. Du kannst auch Fotos einkleben oder Bilder malen.

Kennenlernen

- Das mag ich
- Abschied
- Begrüßung
  - Hallo!

elf 11

2 Das mag ich!

1 Endlich Freizeit!

 A Was macht Laura gerade? Schreib die Aktivitäten unter die Fotos.

am Handy spielen

 B Schreib jetzt Sätze wie im Beispiel.

Laura spielt am Handy.

 C Das ist falsch! Korrigiere die Sätze.

1. Du liest Skateboard.
2. Ich fahre Fotos.
3. Laura tanzt einen Milchshake.
4. Du siehst Musik.
5. Ich schlafe Sport.

 D Was passt zusammen? Verbinde.

1. Hörst du Musik?
2. Fährst du Skateboard?
3. Spielst du Tennis?
4. Machst du Fotos?
5. Liest du Bücher?

a. Ja, ich lese viele Fantasy-Romane.
b. Ja, ich mache Fotos für meine Familie.
c. Nein, ich fahre nur Fahrrad.
d. Nein, ich spiele Basketball.
e. Ja, ich mag Hip-Hop.

Schritt 1 • Keine Langeweile!

2 Ein tolles Programm

Hi! Ich bin Ela. Ich bin 13 und komme aus Köln. Meine Familie kommt aus Ankara. Meine Tipps gegen Langeweile? Musik hören und lesen! Ich liebe Harry Potter und ich mag auch Comics und Fantasy-Romane.

Hallo, ich heiße Bastian. Ich bin 14 und wohne in München. Ich liebe Sport und meine fantastischen Freunde Ela und Florian. Meine Tipps gegen Langeweile? Fantasy-Romane lesen, Pizza essen oder Fußball spielen.

A Lies die Texte und die Aussagen unten. Richtig oder falsch? Markiere.

	richtig	falsch
1. Ela ist 14 Jahre alt.	☐	☐
2. Sie kommt aus Ankara.	☐	☐
3. Sie mag Musik.	☐	☐
4. Bastian ist 14 Jahre alt.	☐	☐
5. Er wohnt in der Schweiz.	☐	☐
6. Er spielt gern Basketball.	☐	☐

B Korrigiere die falschen Sätze aus A wie im Beispiel.

Ela ist nicht 14 Jahre alt. Sie ist

C Du siehst ein Foto von fünf Freunden. Lies die Steckbriefe. Was haben die Freunde gemeinsam? Was ist anders? Schreib Sätze mit **auch** und **nicht**.

Alina wohnt in Köln. Thomas wohnt auch

Alina
– 14 Jahre
– aus Hamburg
– wohnt in Köln
– Lesen (Romane), Musik (Hip-Hop, Klassik), Basketball

Thomas
– 13 Jahre
– aus Frankfurt
– wohnt in Köln
– Basketball, Fußball, Videospiele, Musik (Rap)

Ben
– 14 Jahre
– aus Köln
– wohnt in Frankfurt
– Musik (Rap, Hip-Hop), Lesen (Comics), Videospiele

Betty
– 13 Jahre
– aus Köln
– wohnt in Frankfurt
– Lesen (Comics), Videospiele, Basketball, Fahrrad fahren

Meike
– 12 Jahre
– aus Köln
– wohnt in Köln
– Lesen (Romane, Comics), Fahrrad fahren, Musik (Pop, Rap)

D Wähl eine Person aus dem Foto. Stell sie vor.

Er/Sie heißt

1 Das mache ich gern!

A Hör zu. Wer sagt diese Sätze: Ida-Sofia, Philipp oder die Moderatorin? Kreuze an.

	Ida-Sofia	Philipp	Moderatorin
1. Liebe Hörerinnen und Hörer, willkommen in unserem Jugendmagazin.			X
2. Das ist mein Job und mein Hobby!			
3. Aber du hast sicher auch andere Hobbys.			
4. Sport mag ich nicht. Und Skateboard fahre ich auch nicht.			
5. Ich fahre gern Rad. Das mag ich.			
6. Das verstehe ich …			
7. Ich lese gern Comics!			
8. Klavier spielen, Gitarre spielen mag ich nicht.			
9. Ich chatte gern auf Facebook mit meinen Freunden.			
10. Schlafen mag ich auch!			
11. Bis bald!			

B Hör noch einmal und notiere die Aktivitäten. Was machst du gern? Unterstreiche.

....
....
....

Philipp spielt gern ....
....
....
Ida-Sofia fährt nicht gern ....

C Schreib die Sätze zu Ende.

1. Ich lese gern ....
2. Ich lese nicht gern ....
....
3. Ich spiele ....
4. Musik ist super. Ich höre ....
....
5. Meine Freunde und ich ....
....
6. Am Wochenende ....
....

D Schreib einen kurzen Artikel über Philipp und Ida-Sofia für die Schülerzeitung.

Schritt 2 • Wie bist du?

2 Internet-Profile

 A Lies Leos Profil im Kursbuch. Sind die Aussagen unten richtig (R) oder falsch (F)? Korrigiere die falschen Aussagen.

	R	F	
1. Leon fährt gern Ski.		X	Leon fährt gern Snowboard.
2. Er ist ordentlich.			
3. Er ist romantisch.			
4. Er isst gern Currywurst.			
5. Er ist nicht musikalisch.			
6. Er wohnt in Berlin.			
7. Er mag Harry Potter.			
8. Er hat 431 Kontakte.			
9. Er spielt nicht gern Klavier.			
10. Er liest gern Mangas.			

 B Hör zu. Welches ist Linas Profil? Kreuze an.

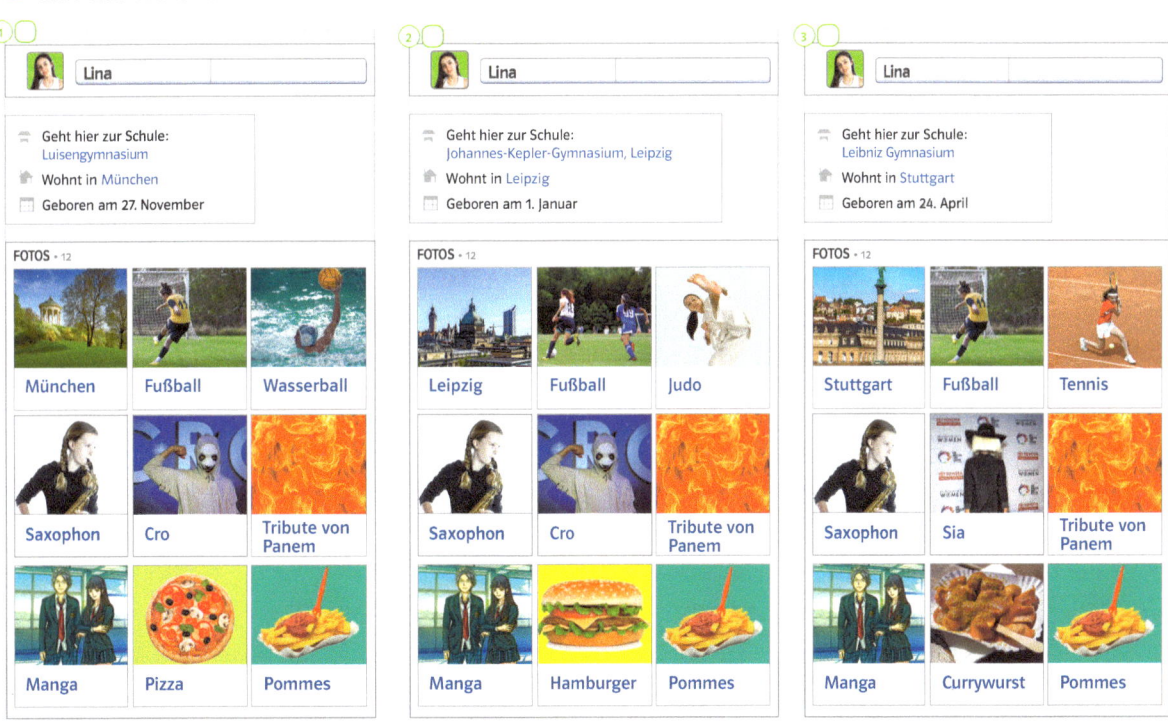

 C Was habt Lina und du gemeinsam? Was habt Leon und du gemeinsam? Schreib Sätze.

....

....

....

fünfzehn 15

2

1 Verben im Präsens: fahren, schlafen, lesen und sehen

A Ergänze das Verb in Klammern in der richtigen Form.

1. Ich .... gern Fantasy-Romane, und du? .... du auch gern Romane? **(lesen)**
2. Ich .... gern Rad. Mein Freund Simon .... auch gern Skateboard. Und du? .... du gern Rad oder Skateboard? **(fahren)**
3. In den Ferien .... ich Filme. Und du? .... du auch Filme? **(sehen)**
4. Am Sonntagmorgen .... ich. Und du? .... du auch am Sonntagmorgen? **(schlafen)**

B Markiere das richtige Verb und schreib die Sätze neu.

1. Rebekah lese • <u>liest</u> gern Romane. Und du? Lese • Liest du auch gern Romane?
   ....
2. Am Sonntag schlafe • schläfst • schläft ich lange. Und du? Schlafe • Schläfst • Schläft du auch lange am Sonntag?
   ....
3. Sehe • Siehst • Sieht du gern Filme? Ja? Ich sehe • siehst • sieht auch gern Filme, Science-Fiction-Filme.
   ....
4. Ich bin Bastian und ich fahre • fährst • fährt gern Inliner. Meine Freundin Melina fahre • fährst • fährt auch gern Inliner.
   ....

C Schreib Sätze wie im Beispiel.

1. Alexander • gern • Fahrrad fahren
   Alexander fährt gern Fahrrad.
2. Rebekah • am Sonntag • Videos sehen
   ....
3. Wir • gern • Fantasy-Romane • lesen
   ....
4. du • am Wochenende • lange • schlafen • ?
   ....
5. Irene und Amaia • romantische Filme • nicht gern • sehen
   ....

2 Ja-/Nein-Fragen

Lies die Antworten. Wie sind die Fragen? Schreib.

1. ....
   Nein, ich schlafe nicht lange.
2. ....
   Ja, ich lese Romane.
3. ....
   Ja, ich fahre Skateboard.
4. ....
   Nein, ich spiele nicht Fußball, ich spiele Volleyball.
5. ....
   Ja, ich höre Musik.
6. ....
   Nein, ich spiele nicht Tischtennis, ich spiele Tennis.

Gramma-Tipps EXTRA 2

3 Verneinung mit nicht

Immer nein! Beantworte die Fragen in ganzen Sätzen.

1. Spielst du gern Tennis?
   Nein, ...
2. Liest du „Harry Potter"?
   Nein, ...
3. Ist Simone deine Freundin?
   Nein, ...
4. Siehst du gern Science-Fiction Filme?
   Nein, ...
5. Bist du gestresst?
   Nein, ...

4 Sätze verbinden mit und und oder

Lies die Antworten und schreib eine Frage mit den Wörtern in Klammern.

1. .... ?
   (möchten • du • Pizza • Spaghetti)
   Ich möchte Pizza.
2. .... ?
   (lesen • du • gern • Romane • Comics)
   Ja, ich lese sie sehr gern!
3. .... ?
   (spielen • Saskia • Basketball • Fußball)
   Nein, sie spielt nur Basketball.
4. .... ?
   (hören • gern • ihr • Hip-Hop • Pop)
   Wir hören gern Pop.
5. ....
   .... ?
   (spielen • wir • heute • Tennis • Videospiele)
   Nein, nur Videospiele! Ich bin müde …

5 gern und nicht gern

Was machen die Jugendlichen gern, was machen sie nicht gern? Schreib Sätze.

Sandra
☺ Videospiele spielen
☺ shoppen
☹ Hausaufgaben machen

Karina
☺ Comics lesen
☺ Inliner fahren
☺ kochen

Jens
☺ Fußball spielen
☺ Videos sehen
☹ Skateboard fahren

Matthias
☺ malen
☺ Musik hören
☹ Romane lesen

Tina
☺ schlafen
☺ Klarinette spielen
☺ Ski fahren

siebzehn 17

2

1 Aktivitäten und Interessen

A Niklas und Marie haben andere Aktivitäten. Welche? Schreib die Sätze zu Ende.

1. Niklas spielt nicht Tischtennis. Er spielt ....
2. Er sieht nicht Filme. Er sieht ....
3. Er fährt nicht Skateboard. Er fährt ....
4. Sie liest nicht Romane. Sie liest ....
5. Sie macht nicht Musik. Sie macht ....

B Notiere zu jeder Kategorie drei Aktivitäten.

1. Musik: ....
2. Sport: ....
3. zu Hause: ....

C Welche Aktivitäten sind das? Sortiere die Buchstaben.

1. UßLBFLA .... spielen
2. STOOF .... machen
3. CEBÜHR .... lesen
4. DRA .... fahren
5. CMIOCS .... lesen
6. NTSINTIHCSE .... spielen

2 Vorlieben

Lies die Sätze: Ein Wort ist falsch! Ordne die Buchstaben und schreib die Sätze richtig.

1. Ich liebe ~~Simuk~~! Und du?
   Ich liebe Musik! Und du?
2. Vanessa hört gern salsikesch Musik.
3. Isst du auch gern Mompes trifes?
4. Lennart spielt super Bandhall.
5. Ghamberru? Nein, danke. Ich esse lieber Pizza.

3 So bin ich.

A Buchstabensuppe. Finde 8 Wörter im Buchstabenrätsel.

A	L	I	F	E	O	Z	P	Z	L	H	N	U
H	S	Y	M	P	A	T	H	I	S	C	H	N
M	C	Z	S	K	Q	I	E	S	V	Y	S	F
U	Y	S	M	R	R	X	I	K	M	Z	X	R
S	N	N	I	E	I	T	A	P	K	C	G	E
I	R	O	M	A	N	T	I	S	C	H	M	U
K	M	R	R	T	N	T	Z	N	H	A	E	N
A	P	V	H	I	H	A	H	S	W	O	H	D
L	R	C	M	V	G	O	M	I	M	T	G	L
I	Q	G	S	Y	Z	H	H	O	A	I	G	I
S	U	C	P	W	M	W	X	K	R	S	H	C
C	H	S	S	P	O	R	T	L	I	C	H	H
H	O	R	D	E	N	T	L	I	C	H	S	T

B Wie heißen die passenden Adjektive? Ergänze.

1. die Musik: *unmusikalisch*
2. der Sport: ....
3. die Ordnung: ....
4. der Freund: ....
5. der Roman: ....

Lexi-Spiele EXTRA 2

Musik

So bin ich!

Aktivitäten und Interessen

mit Freunden

Sport

Meine Wörter
Welche Wörter und Ausdrücke aus dieser Lektion sind für dich wichtig?
Ergänze die Mindmap. Du kannst auch Fotos einkleben oder Bilder malen.

neunzehn 19

2

🎧 Hören

Du hörst ein Interview mit Julia, Maxim und Alina. Wer macht was? Kreuze an.

	Julia	Maxim	Alina
chatten			
Comics lesen			
Computerspiele spielen			
Fußball spielen			
Klavier spielen			
Musik hören			
Skateboard fahren			
YouTube-Videos sehen			

📖 Lesen

A Lies die E-Mail und ergänze die fehlenden Wörter.

> Hobbys • cool • Hausaufgaben • sportlich • komme
> fahre • alt • habe • schlafe • sympathisch • Musik

Hallo!
Mein Name ist Meike und ich .... aus Potsdam. Ich bin 14 Jahre .... und wohne jetzt in Berlin. Berlin ist ....!
Ich .... hier viele Freunde. Sie sind sehr ....!
Die Schule ist okay, aber ich habe immer viele .... Das mag ich nicht.
Meine .... sind Basketball spielen, Fußball spielen und Comics lesen. Ich bin sehr .... mag ich auch: Hip-Hop, Rock und Rap. Popmusik mag ich nicht: Das ist langweilig! Am Wochenende .... ich gern Skateboard oder Fahrrad. Und ich .... gern. 🙂 Ich bin immer müde!
Liebe Grüße!

B Lies nun die Aussagen. Was ist richtig (R) und was ist falsch (F)? Kreuze an.

	R	F
1. Meike wohnt in Potsdam.		
2. Meike hat nur eine Freundin.		
3. Meike macht viel Sport.		
4. Meike mag Hausaufgaben.		
5. Sie liest gern.		
6. Meike ist sportlich.		

Ich bin Deutschprofi! 2

Sprechen
→ Goethe A1 – Fit in Deutsch 1
Sprechen Teil 1

A Lies die Fragen. Notiere kurze Antworten.

1. Wie heißt du? ....
2. Wie alt bist du? ....
3. Wo wohnst du? ....
4. Wie heißt deine Schule? ....
5. Welche Sprachen sprichst du? ....
6. Was machst du in deiner Freizeit? ....

B Stell dich vor. Sprich über alle Punkte.

Name?
Alter?
Land?
Wohnort?
Schule?
Sprachen?
Hobby?

Schreiben

Du bekommst eine E-Mail von Dennis. Lies die E-Mail und schreib eine Antwort.

Hallo!

Mein Name ist Dennis und ich bin 13 Jahre alt. Meine Hobbys sind Tischtennis, Musik (ich höre gern Popmusik) und Kochen. Meine Pizza ist super!

Wie heißt du? Wie alt bist du? Was sind deine Hobbys? Schreib bald!

Liebe Grüße

Dennis

3 Familie ist toll!

1 Ein Familienfoto

 A Wer sind die Personen in Lenas Familie? Notiere.

 B Hör Lenas Beschreibung. Wie alt sind die Personen? Markiere. Schreib dann Sätze.

1. Thomas   55   70   *Thomas ist siebzig Jahre alt.*
2. Emma   37   40   ....
3. Moritz   18   8   ....
4. Alina   13   9   ....

C Hör die Beschreibung noch einmal. Wer hat welches Hobby? Verbinde.

1. Moritz
2. Thomas
3. Ben und Annika
4. Alina

a. Musik hören und Comics lesen
b. shoppen und Rad fahren
c. Playstation spielen
d. Klavier spielen

 D Beschreibe die Personen in Lenas Familie.

1. Lena *ist dreizehn Jahre alt. Sie spielt gern* ....
2. Emma *ist die Mutter. Sie* ....
3. Thomas ....
4. Moritz ....
5. Ben und Annika ....
6. Alina ....

Schritt 1 • Eine coole Familie   3

2 Heute ist Familientag!

 A Such die Informationen im Text. Unterstreiche in der richtigen Farbe.

Rot • Name des Fests Grün • Datum
Blau • Ort Gelb • Uhrzeiten

HAMBURGER FAMILIENTAG: SPASS FÜR DIE GANZE FAMILIE!

Herzlich willkommen am Hamburger Familientag!

Das große Kinder- und Familienfest, am 27. August im Rathaus-Innenhof. Von 11 bis 18 Uhr gibt es viele Attraktionen: Sport (Fußball, Basketball, Tennis …), Musik und lustige Aktivitäten für Kinder (Luftballons anmalen, Zeichnen, Schminken …).

Für Eltern und Kinder zusammen gibt es auch ein großes Angebot: „Wir kochen zusammen!", „Kekse backen ist einfach" und ein großes Picknick.

Der pure Familienspaß für Groß und Klein!

Für kranke Teddybären gibt es auch eine Teddy-Klinik.

Viel Spaß und bis bald!

 **B** Welche Aktivitäten siehst du auf den Fotos? Notiere.

 C Schreib einen kurzen Text über den Familientag. Benutze die Informationen aus A und die Aktivitäten aus B.

3 Wir machen einen Ausflug!

 A Sieh dir das Video an. Welche Familienmitglieder siehst du?

youtube.com/rabiakina

 B Was siehst du im Video? Markiere drei Objekte.

das Skateboard   der Rasierer   die Ente   das Auto   das Fahrrad

dreiundzwanzig **23**

3

1 Lustige Tiere

A Sieh dir die Bilder im Kursbuch auf S. 46 noch einmal an. Wähl ein Tier aus und beschreibe es.

1. .... 4. ....
2. .... 5. ....
3. .... 6. ....

B Positiv oder negativ? Schreib die Adjektive in die Tabelle.

cool   klasse   schrecklich   langweilig   originell   toll   lustig   doof   nett   blöd   süß

🙂	🙁

C Lies die Wörter unten. Zeichne selbst eine lustige Person und beschrifte. Du kannst auch eine Collage machen. Überlege: Wie kannst du dir diese Wörter gut merken?

die Augen   die Haare

die Nase   der Mund   das T-Shirt

die Jacke   die Sonnenbrille

D Zu zweit. Wähl ein Foto aus dem Kursbuch aus. Dein Partner / Deine Partnerin wählt auch eins. Stellt Fragen und beantwortet sie. Welches Foto hat dein Partner / deine Partnerin?

Ist das T-Shirt rot?

Ja. Sind die Haare blond?

...

E Beschreibe nun das Foto von deinem Partner / deiner Partnerin aus 1D.

....
....
....

Schritt 2 • Tolle Tiere 3

2 Tiere mit Charakter

 A Lies den Text und unterstreiche die Adjektive:

Rot • Aussehen   Blau • Farben   Grün • Charakter

Der Gepard rennt sehr schnell, so schnell wie ein Auto auf einer Autobahn: 120 km/h! Er ist sehr schön: schlank, elegant und muskulös. Seine Augen sind braun und orange und sein Fell ist schwarz und gelb. In der Savanne ist er der Sportler Nummer Eins!

Das Nilpferd ist sehr groß und schwer, bis zu 1800 Kilogramm! Aber es kann sehr schnell rennen, 30 km/h. Seine Farbe ist braun oder grau und es liebt das Wasser. Es sieht sehr nett und lustig aus. Sein Charakter? Es ist sehr aggressiv, Vorsicht!

Die Schildkröte ist die Großmutter unter den Tieren. Sie lebt bis zu 120 Jahre! Sie ist nicht sehr schön, aber sie ist immer cool. Die Schildkröte ist Vegetarierin: Sie liebt Salat!

B Beschreibe die Tiere. Benutze die Adjektive aus 2A.

1. Der Gepard ....

2. Die Schildkröte ....

3. Das Nilpferd ....

C Mal dein Lieblingstier und ergänze den Steckbrief.

Steckbrief
Tier:
Aussehen:
Charakter:
Deine Meinung:

fünfundzwanzig 25

3

1 Plural der Substantive

A Ergänze die Wörter im Plural und löse das Rätsel.

Rätsel: Wie heißen sie?

Lina hat drei Cousin............:
Eva, Tina und Mina.

Die drei Schwest............
haben zwei Br............:
Jan und Timo.

Jan und Timos Onkel Bernd hat
sechs Kaninch............,
vier Katz............, zwei Hu............,
zwei Schildkrö............
und eine Tochter: Lina.

Linas Cousins heißen ....

B Finde im Kasten Wortpaare (Singular, Plural). Ergänze sie dann in der Tabelle.

die Autos • der Sohn • das Kind • die Familien
die Kaninchen • die Häuser • das Auto • die Opas
die Familie • die Katzen • die Katze • die Kinder
das Kaninchen • das Haus • die Söhne • der Opa

-n / -en	die Katze, Katzen
-e / ¨-e	
-er / ¨-er	
-s	
ø / ¨-	

C Ergänze die Tabelle in 1B mit weiteren Wörtern.

2 Die Verben sein und haben

A Finde die Formen von **sein** und **haben** im Rätsel. Ergänze dann die Tabelle.

N	H	A	B	T	N	S	C
H	A	B	E	N	B	I	H
A	I	B	I	S	T	N	A
S	S	B	S	E	I	D	B
T	T	H	A	T	U	H	E

	sein	haben
ich	bin	
du		
er / sie / es		
wir		
ihr		
sie		

B Ergänze das Gespräch mit den fehlenden Personalpronomen und den korrekten Formen von **haben** und **sein**.

Leo: Hallo Alessio! Ich .... 13 Jahre alt. Und ....?

Alessio: Ich .... auch 13. .... du Haustiere?

Leo: Ja, ich .... ein Kaninchen. .... heißt Maxi. Und du?

Alessio: Ich .... zwei Hunde. .... heißen Billy und Pat. Sie .... süß!

C Die Geschwister Leo und Lea chatten mit Alessio und Alessia. Schreib die Nachrichten. Aufgabe 2B hilft.

Leo und Lea: ....

Alessio und Alessia: ....

Leo und Lea: ....

Alessio und Alessia: ....

Gramma-Tipps EXTRA 3

3 Der unbestimmte Artikel: ein / eine

Schreib Sätze zu den Bildern wie im Beispiel. Benutze wo nötig ein/eine.

Das ist eine Katze.

4 Possessivartikel

A Beschreibe Mitschüler/Mitschülerinnen wie im Beispiel. Lies die Beschreibung dann einem Partner / einer Partnerin vor und frage ihn/sie: Wer ist das?

1. Ihre Haare sind blond, ihre Augen sind grün und sie ist lustig.
   Wer ist das?
2. ……………………………………………
   Wer ist das?
3. ……………………………………………
   Wer ist das?
4. ……………………………………………
   Wer ist das?

B Ergänze die E-Mail mit den Wörtern.

ihre   dein   meine   seine   mein   meine   mein   deine

Hallo Maxi,

wie geht's dir? Heute schreibe ich über .... Tiere: Pit, Lore und Fritzi. Pit ist .... Hamster, er ist total süß. .... Katze heißt Lore. Sie ist schon 15 Jahre alt! Sie ist ganz schwarz und .... Augen sind grün. Fritzi ist .... Meerschweinchen. .... Augen sind groß und schwarz, es ist sehr lustig. Wie heißt .... Hund? Und .... Katze?

Schreib bald!
Dein Jonas

siebenundzwanzig 27

3

1 Die Familie

Was passt zusammen? Bilde Wörter. Schreib sie mit Artikel.

> ter • cou • mut • sin • sine • tan • ter • te • groß
> kel • on • va • bru • ter • schwes • der • kin
> geschwis • el • o • tern • ter • der • cou • ma

1. .... 7. ....
2. .... 8. ....
3. .... 9. ....
4. .... 10. ....
5. .... 11. ....
6. .... 12. ....

2 Die Zahlen von 20 bis 100

A   Schreib die Zahlen aus.

26	62
sechsundzwanzig	....
73	**37**
....	....
59	**95**
....	....

B   Welches Alter passt? Schreib Sätze mit den unterstrichenen Wörtern.

1. 44 • 21 • 77 • <u>der Vater</u> • der Opa • der Sohn
   Der Vater ist vierundvierzig.

2. 18 • 51 • 85 • die Mutter • <u>die Oma</u> • die Tochter
   ....
   ....

3. 38 • 23 • 7 • <u>die Tochter</u> • der Onkel • der Vater
   ....
   ....

4. 28 • 56 • 82 • <u>die Tante</u> • der Sohn • die Oma
   ....
   ....

> x mal
> + plus
> – minus
> = ist (gleich)

C   Kannst du rechnen? Unterstreiche die richtige Antwort.

1. 12 x 4 = achtundvierzig • vierundachtzig
2. 21 + 29 = fünfzehn • fünfzig
3. 90 + 2 = zweiundneunzig • neunundzwanzig
4. 33 – 11 = zweiunddreißig • zweiundzwanzig
5. 18 + 29 = achtundvierzig • siebenundvierzig
6. 43 x 2 = vierundsechzig • sechsundachtzig
7. 78 – 12 = sechsundsechzig • neunzig
8. 51 + 17 = achtundsechzig • vierundachtzig
9. 24 x 3 = zweiundsiebzig • zweiundsechzig

3 Tiere

Welches Tier ist das? Schreib Sätze.

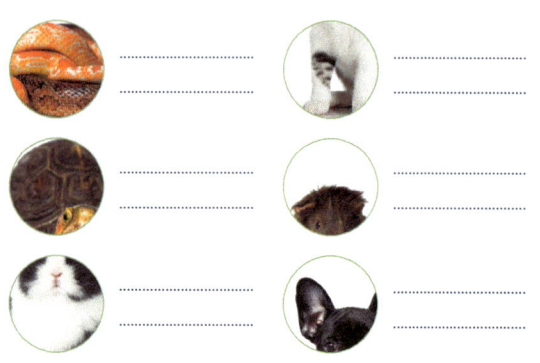

4 Freizeitaktivitäten

Finde Wörter in der Wortschlange und ergänze die Aktivitäten in der Mindmap auf Seite 29.

luftballonsanmaleneinenausflugmachen
tennisspielenzusammenkochenein
picknickmachenmusikhörenkeksebacken

5 Wie findest du …?

Bilde Wörter und schreib sie, wenn möglich, mit Artikel.

1. wat • lus • Kra • Au • te • tig • gen
   die Kravatte, lustig, ...

2. nell • re • o • gi • Haa • ri
   ....

3. le • se • Son • lich • klas • nen • schreck • bril
   ....

4. wei • co • lig • ol • lang
   ....

Lexi-Spiele EXTRA 3

Freizeit

Haustiere

Familie ist toll!

wilde Tiere

Charakter: positiv

Charakter: negativ

Meine Wörter
Welche Wörter und Ausdrücke aus dieser Lektion sind für dich wichtig? Ergänze die Mindmap. Du kannst auch Fotos einkleben oder Bilder malen.

neunundzwanzig 29

3

🎧 Hören

A Lies die Fragen. Hör den Text und wähle die richtige Antwort.

1. Der Familientag ist …

   am Montag.   am Mittwoch.   am Samstag.

2. Lena und Jonas treffen sich …

   um 11 Uhr.   um 12 Uhr.   um 15 Uhr.

B Lies die Sätze. Was ist richtig (R) und was ist falsch (F)? Hör noch einmal und kreuze an.

	R	F
1. Lenas Familie geht zum Familientag.		
2. Lenas Vater geht auch.		
3. Lena zeichnet gern.		
4. Jonas backt gern Kekse.		
5. Jonas' Bruder geht auch.		

📖 Lesen ➡ Goethe A1 – Fit in Deutsch 1 Lesen Teil 2

In einer Zeitschrift findest du zwei Texte über Jugendliche. Lies die Beschreibungen.

Beschreibung 1
Ich heiße Pedro Moraes. Ich bin 15 und wohne mit meiner Familie in Rio de Janeiro. Meine Familie, das sind meine Mutter, mein Vater und mein Bruder Guilherme. Er ist 17 Jahre alt und spielt elektrische Gitarre in einer Popband. Das finde ich echt cool! Mein Vater hat einen Bruder, Luís. Er wohnt in London. Das ist klasse. Er hat auch einen Sohn, Gabriel. Er ist auch 15 Jahre alt. Wie ich! Wir spielen oft Fußball zusammen oder hören Musik.

Beschreibung 2
Mein Name ist Marianne Storch und ich bin 14 Jahre alt. Ich lebe in Münster. Meine ganze Familie wohnt in Münster. Aber zu Hause wohnen nur meine Eltern, meine Schwester Tanja und ich! Tanja ist 13 Jahre alt. Meine Schwester Elena ist schon 20. Sie wohnt jetzt allein. Wir treffen uns oft am Samstag und essen alle zusammen Pizza. Danach spielen wir zusammen Videospiele oder fahren Rad. Das finde ich super.

Was ist richtig (R) und was ist falsch (F)? Kreuze an.

	R	F
Beispiel zu Beschreibung 1		
0. Pedro ist fünfzehn Jahre alt.	X	
Beschreibung 1		
1. Pedros Bruder heißt Guilherme.		
2. Pedros Vater wohnt in London.		
3. Gabriel ist Pedros Cousin.		
Beschreibung 2		
4. In Mariannes Haus wohnen drei Personen.		
5. Mariannes Familie isst am Wochenende Pizza.		
6. Marianne spielt gern Videospiele.		

Ich bin Deutschprofi! 3

Sprechen

A Wie ist deine Familie? Notiere drei Personen in die Mindmaps. Schreib zu jeder Person mindestens 3 Informationen.

Alter   Wohnort   Land   Sprachen   Kinder   Hobbys

B Beschreibe nun diese Personen. Benutze die Mindmaps.

Schreiben

Stell dir vor: Dein Vater ist Lukas Podolski. Deine Mutter ist Lady Gaga. Deine Tante ist ... Was ist für dich die ideale Familie? Beschreibe.

Mein Vater ist Lukas Podolski. Er ist 34 Jahre alt. Wir spielen zusammen Fußball. Das finde ich super.

Meine Mutter

einunddreißig 31

4 Was haben wir jetzt?

1 Wir besuchen Johannes' Gymnasium

A Welche Orte sind das? Schreib die Namen unter die Bilder.

B Was kannst du in diesen Orten tun? Schreib möglichst viele Aktivitäten.

1. Auf dem Schulhof: ....

2. In der Bibliothek: ....

3. Im Klassenzimmer: ....

4. In der Sporthalle: ....

C Welche Räume siehst du in 1A? Schreib Sätze wie im Beispiel.

1. ....
2. *Ich sehe den Kunstraum.*
3. ....
4. ....
5. ....
6. ....
7. ....
8. ....

D Lies die Sätze und ordne die Dialoge.

A
- ◯ Nein, danke. Ich habe habe Hunger. Ich gehe in die Mensa.
- ◯ Ja, gern!
- ◯ Wir gehen auf den Schulhof, kommst du mit?
- ◯ Guten Appetit! Kommst du später in die Bibliothek?

B
- ◯ Hmmm ... Dann ist er im Labor.
- ◯ Nein, dort ist er nicht.
- ◯ Wo ist Herr Peuker?
- ◯ Herr Peuker? Im Informatikraum.

Schritt 1 • Im Gymnasium 4

2 Wo gibt es das?

A Was siehst du auf den Bildern? Schreib die Namen.

1. ....
2. ....
3. ....
4. ....
5. ....
6. ....
7. ....

B Wo gibt es diese Sachen? Schreib zu jedem Bild in 1A einen Satz. Die Ausdrücke in den Kästen helfen.

1. Im Kunstraum gibt es eine Pflanze.

....
....
....
....
....
....

im Kunstraum

im Informatikraum

in der Bibliothek

im Klassenzimmer

auf dem Pausenhof

im Musikraum

in der Mensa

C Und du? Wo bist du? Was siehst du jetzt? Schreib fünf Sätze.

Ich bin jetzt in/im ....

Ich sehe einen ....

....
....
....

dreiunddreißig 33

4

1 Luisas Stundenplan

A Hör zu und ergänze Luisas Stundenplan. Schreib dann Sätze wie im Beispiel.

Uhrzeit	Dienstag	Mittwoch
7:45–8:30	Biologie	
8:35–9:20		
9:30–10:15		
10:20–11:05		
11:30–12:15		
12:20–13:05		
13:10–13:55		
14:30–15:15		

Am Dienstag hat Luisa um 7:45 Uhr Biologie.
Um 8:35 Uhr hat sie

Am Mittwoch

B Was passt zusammen? Verbinde.

1. 7:30 Uhr
2. 9:20 Uhr
3. 10:10 Uhr
4. 11:30 Uhr
5. 13:10 Uhr

a. zehn nach eins
b. halb zwölf
c. zwanzig nach neun
d. halb acht
e. zehn nach zehn

C Hör zu und notiere die Uhrzeiten.

1. ....
2. ....
3. ....
4. ....
5. ....
6. ....
7. ....
8. ....

D Wann machst du das? Schreib Sätze wie im Beispiel. Die Wörter in den Kästen helfen.

1. die Hausaufgaben machen: Ich mache nachmittags die Hausaufgaben.
2. Deutsch lernen: ....
3. schlafen: ....
4. lesen: ....
5. frühstücken: ....

abends
morgens
vormittags
nachmittags
nachts   mittags

Schritt 2 • Schulleben 4

2 Das brauche ich!

A Finde zehn Wörter zum Thema „Schulmaterial".
Schreib sie mit dem Artikel.

I	T	H	O	O	E	S	G	M	T	B
B	I	A	H	R	M	C	X	D	E	M
L	H	F	Q	R	B	U	C	H	Y	A
E	M	L	I	N	E	A	L	Y	S	R
I	E	A	X	F	F	N	V	E	C	K
S	C	H	U	L	T	A	S	C	H	E
T	C	E	A	M	E	E	D	L	E	R
I	S	F	O	R	D	N	E	R	R	N
F	T	T	C	T	P	K	R	Y	E	L
T	Q	A	N	S	P	I	T	Z	E	R
R	H	O	L	O	I	E	O	R	D	N
R	A	D	I	E	R	G	U	M	M	I
I	T	H	O	O	E	S	G	M	T	B

1 ....
2 ....
3 ....
4 ....
5 ....
6 ....
7 ....
8 ....
9 ....
10 ....

B Heute ist Montag. Luisa packt ihre Schultasche. Was braucht sie? Kreuze an.

○ das Deutschbuch ○ der Atlas ○ der Taschenrechner ○ das Französischheft

○ das Physikbuch ○ das Englischbuch ○ das Musikheft ○ das Mäppchen

○ die Sportsachen ○ das Wörterbuch ○ die Farbstifte ○ das Biologieheft

C Welche Sachen aus 2B braucht Luisa nicht? Notiere.

Luisa braucht am Montag keinen/keine/kein ....
....

D Was haben Nele und Finn auf ihren Schreibtischen? Was haben sie nicht? Schreib Sätze.

Finn hat keinen Computer. Er hat kein Buch, ...
....
....
....
....

fünfunddreißig 35

4

1 Der bestimmte Artikel im Akkusativ

A Was passt? Unterstreiche die richtige Form und schreib die Sätze richtig.

1. Der • Den **Musikraum** ist klein.
   ....

2. Ich mag der • den **Musikraum** nicht.
   ....

3. Das ist der • den **Musiklehrer**, Herr Seidl.
   ....

4. Siehst du der • den **Schulhof**?
   ....

5. Psst! Ich höre der • den **Lehrer** nicht!
   ....

B Schreib Sätze mit den Wörtern wie im Beispiel.

1. ich • mögen • das Labor • .
   Ich mag das Labor.

2. sehen • du • der Computer • ?
   ....

3. der Unterricht • sein • heute • langweilig • .
   ....

4. das • sein • der Bruder von Marko • .
   ....

5. ich • hören • die Musik • gern • .
   ....

6. wir • mögen • der Musikraum • .
   ....

7. Elias • mögen • die Mensa • .
   ....

8. Anne • packen • die Schultasche • .
   ....

9. du • packen • der Rucksack • .
   ....

10. wer • haben • das Wörterbuch • ?
    ....

2 Der unbestimmte Artikel im Akkusativ

A Dein Zimmer: Was gibt es da? Beschreibe. Die Wörter unten helfen.

der Stuhl   **die** Bücher   **der** Computer   **das** Sofa
der Schreibtisch   **die** Lampe   **das** Poster
die Gitarre   **die** Pflanze   **das** Tablet   **das** Klavier

In meinem Zimmer habe ich ein ....
....
....
....

B Und im Mäppchen? Notiere sechs weitere Sachen.

In meinem Mäppchen habe ich ein ....
....
....

3 Es ist und Es gibt

Ist oder gibt? Lies das Gespräch und kreuze an.

● Entschuldigung! Ich bin neu. Kannst du mir bitte helfen?
○ Ja, natürlich! Was ist los?
● Ich habe gleich Chemie. Wo ◯ ist ◯ gibt das Labor?
○ Das Labor ◯ ist ◯ gibt dort.
● Ah, danke.
○ Chemie ◯ ist ◯ gibt toll. Mein Lieblingsfach! Im Labor ◯ ist ◯ gibt es viele Mikroskope.
● ◯ Ist ◯ Gibt es im Labor auch Computer?
○ Nein, leider nicht! Im Labor ◯ ist ◯ gibt es keine Computer. Computer ◯ ist ◯ gibt es im Informatikraum. Der ◯ ist ◯ gibt groß. Dort ◯ ist ◯ gibt es auch eine digitale Tafel.
● Cool. Oh, es ◯ ist ◯ gibt schon 9:30 Uhr! Ich habe jetzt Chemie! Tschüss und danke!
○ Bitte sehr!

Gramma-Tipps EXTRA 4

4 Die Uhrzeiten

A Wie sagt man die Uhrzeit formell, wie sagt man sie informell? Notiere.

 *Es ist siebzehn Uhr zehn.*
Es ist zehn nach ...

 ....
....

 ....
....

B Heute ist Samstag. Was macht Tim? Schreib Sätze wie im Beispiel.

9 Uhr 15	Gitarre spielen
10 Uhr 30	ein Buch lesen
12 Uhr 15	bei den Großeltern essen
15 Uhr 30	Skateboard fahren
17 Uhr 45	einen Film sehen

Um Viertel nach neun spielt Tim Gitarre.

5 am und um

A Was macht Tina diese Woche? Schreib fünf Sätze.

Montag	ein Picknick machen
Dienstag	Musik hören
Mittwoch	kochen
Donnerstag	zeichnen
Freitag	Basketball spielen
Samstag	Kekse backen
Sonntag	einen Ausflug machen

Am Montag macht Tina ein ...
Am ...

B Was machst du dann? Lies den Wochentag und die Uhrzeit und schreib Sätze wie im Beispiel.

1. Samstag, 7:00 Uhr
   Am Samstag um sieben Uhr schlafe ich.
2. Montag, 7:30 Uhr
3. Sonntag, 15:00 Uhr
4. Mittwoch, 17:30 Uhr

C Lies die Fragen und beantworte sie. Überlege: **am**, **um** oder **im**?

1. Wann isst du heute?
2. Wann frühstückst du?
3. Wann hast du Sport?
4. Wann hast du Ferien?

6 Verneinung mit kein, keine

A Bruno sagt immer nein. Schreib seine Antworten.

1. Brauchst du einen Taschenrechner?
2. Hast du einen Hund?
3. Liest du ein Buch?

B Was braucht Vanessa? Ergänze **(k)ein**, **(k)eine** oder **(k)einen**.

Für morgen braucht Vanessa .... Mäppchen, ... Hausaufgabenheft, ... Taschenrechner und .... Kuli. Sie braucht aber .... Deutschbuch, ... Englischheft, ... Schere und .... USB-Stick.

siebenunddreißig 37

4

1 Orte in der Schule

Kreuzworträtsel! Wie heißt das Lösungswort?

1. Sie ist groß. Hier gibt es Bälle.
2. Es ist modern. Es gibt hier Mikroskope.
3. Hier gibt es keinen Unterricht. Die Schülerinnen und Schüler sprechen, lesen, hören Musik, …
4. Die Schüler haben hier Kunstunterricht.
5. Es gibt zwei: eine für Schüler und eine für Schülerinnen.

```
        1. ▢▢▢▢▢▢▢▢
         2. ▢▢▢▢▢▢
      3. ▢▢▢▢▢
       4. ▢▢▢▢
    5. ▢▢▢▢
```

Lösungswort: Das machen alle Schülerinnen und Schüler gern: ....

2 Schuleinrichtung

A Was gibt es in deinem Klassenzimmer? Beschreibe. Denk an den Akkusativ.

In meinem Klassenzimmer gibt es ein ....
....
....
....

B Wie heißen diese Objekte? Ergänze die Sätze mit den richtigen Singular- und Pluralformen.

1. Das ist ein *Kuli* ....
   Das sind zwei *Kulis* ....
2. Das ist ein ....
   Das sind zwei ....
3. Das ist ein ....
   Das sind sechs ....
4. Das ist ein ....
   Das sind zwei ....
5. Das ist ein ....
   Das sind zwei ....

3 Schulfächer

A Was hast du am Donnerstag? Ergänze den Stundenplan. Schreib die Uhrzeiten und die Fächer auf Deutsch. Wann sind die Pausen? Notiere auch.

Uhrzeit	Donnerstag

B Beschreibe nun deinen Tagesablauf am Donnerstag.

....
....
....
....
....

4 Schulmaterial

Schreib die Wörter zum Thema „Schulmaterial" aus dem Kursbuch, Seite 65, in die Tabelle. Fallen dir noch mehr Wörter ein? Notiere auch.

der	das	die
Kuli	Heft	Schere

38 achtunddreißig

Lexi-Spiele EXTRA 4

Orte

Meine Schule

Material

Einrichtung

Meine Wörter
Welche Wörter und Ausdrücke aus dieser Lektion sind für dich wichtig?
Ergänze die Mindmap. Du kannst auch Fotos einkleben oder Bilder malen.

4

Hören

➡ Goethe A1 – Fit in Deutsch 1
Hören Teil 2

Du hörst **zwei** Gespräche. Zu jedem Gespräch gibt es Aufgaben. Kreuze an: richtig (R) oder falsch (F). Du hörst jedes Gespräch **zweimal**.

Beispiel	R	F
0. Nadine ist gut in Mathe.	X	

Lies die Sätze 1, 2 und 3.

	R	F
1. Lia hat die Physikhausaufgaben nicht.		
2. Lia und Vanessa möchten am Wochenende zusammen lernen.		
3. Lia und Vanessa treffen sich am Samstag um 16:30 Uhr.		

Jetzt hörst du das erste Gespräch. Danach hörst du das Gespräch **noch einmal**. Markiere **dann** für die Sätze 1, 2 und 3: richtig (R) oder falsch (F).

Lies die Sätze 4, 5 und 6.

	R	F
1. Richard tanzt im Theater.		
2. Clara ist in der Theater-AG.		
3. Clara möchte zu Weihnachten im Theater tanzen.		

Lesen

Lies die Texte von Jule und Max. Zu welchem Text passt jeder Satz?

Jule
Meine Schule ist das Marie-Curie-Gymnasium. Es ist eine große Schule mit 1600 Schülern! Es gibt zwei Sporthallen, drei Computerräume, zwei Chemie-Labore und sogar ein Theater. Nachmittags finden viele AGs statt: Kunst, Sport, Musik, Theater … Ich bin am Montag von zwei bis vier in der Chor-AG und spiele dienstags und donnerstags von zwei bis halb vier Tennis.
Ich mag meine Schule. Die Lehrer sind nett und ich habe viele Freunde. Aber die Kantine mag ich nicht. Das Essen ist nicht lecker! Ich nehme meistens nur ein Brot oder Kekse von Zuhause mit.

Max
Meine Schule ist super! Es ist das Schiller-Gymnasium in Mindeburg. Wir sind nur 300 Schüler und alle kennen alle. In der Schule gibt es vierzehn Klassenräume, ein Labor, eine Bibliothek, einen Kunstraum, einen Musikraum und eine Sporthalle. Der Musikraum ist super schön, es gibt viele Instrumente und ein großes Klavier.
Wir haben nur vormittags Unterricht und gehen um zwölf Uhr nach Hause. Nach dem Mittagessen machen die meisten Hausaufgaben, Sport oder Musik.

0. Die Schule heißt Marie-Curie-Gymnasium.   *Jule*

1. Die Schule ist klein.   _____

2. Nachmittags gibt es in der Schule viele Aktivitäten.   _____

3. Die AGs fangen um 14.00 Uhr an.   _____

4. Die Schule hat ein Labor und einen schönen Musikraum.   _____

Ich bin Deutschprofi! 4

Sprechen

A Wie ist dein Stundenplan heute? Was brauchst du? Notiere.

Fächer: Biologie, Mathe
Schulmaterial: Mäppchen ...

B Erzähl nun von deinem Schultag. Die Notizen helfen.

> Heute habe ich Biologie, Mathe, ...
> In meinem Schulranzen habe ich ein Mäppchen, einen ...
> Ich habe auch ...

Schreiben

Schreib einen Artikel über deine Schule für PASCH-Global, eine Online-Schülerzeitung für Deutschlerner. Antworte auf die Fragen in den Kästen.

Name?   Wo?   Welche Räume? Wie viele?   Wie findest du ...?   Dein Lieblingsraum?

5 Eine Currywurst, bitte!

1 So esse ich!

A Wie heißen die Speisen und Getränke? Notiere die Namen mit den Artikeln.

Müsli • Honig • Banane • Orangensaft • Apfel • Brot • Kakao • Ei
Marmelade • Brötchen • Orange • Käse • Tee • Joghurt • Milch

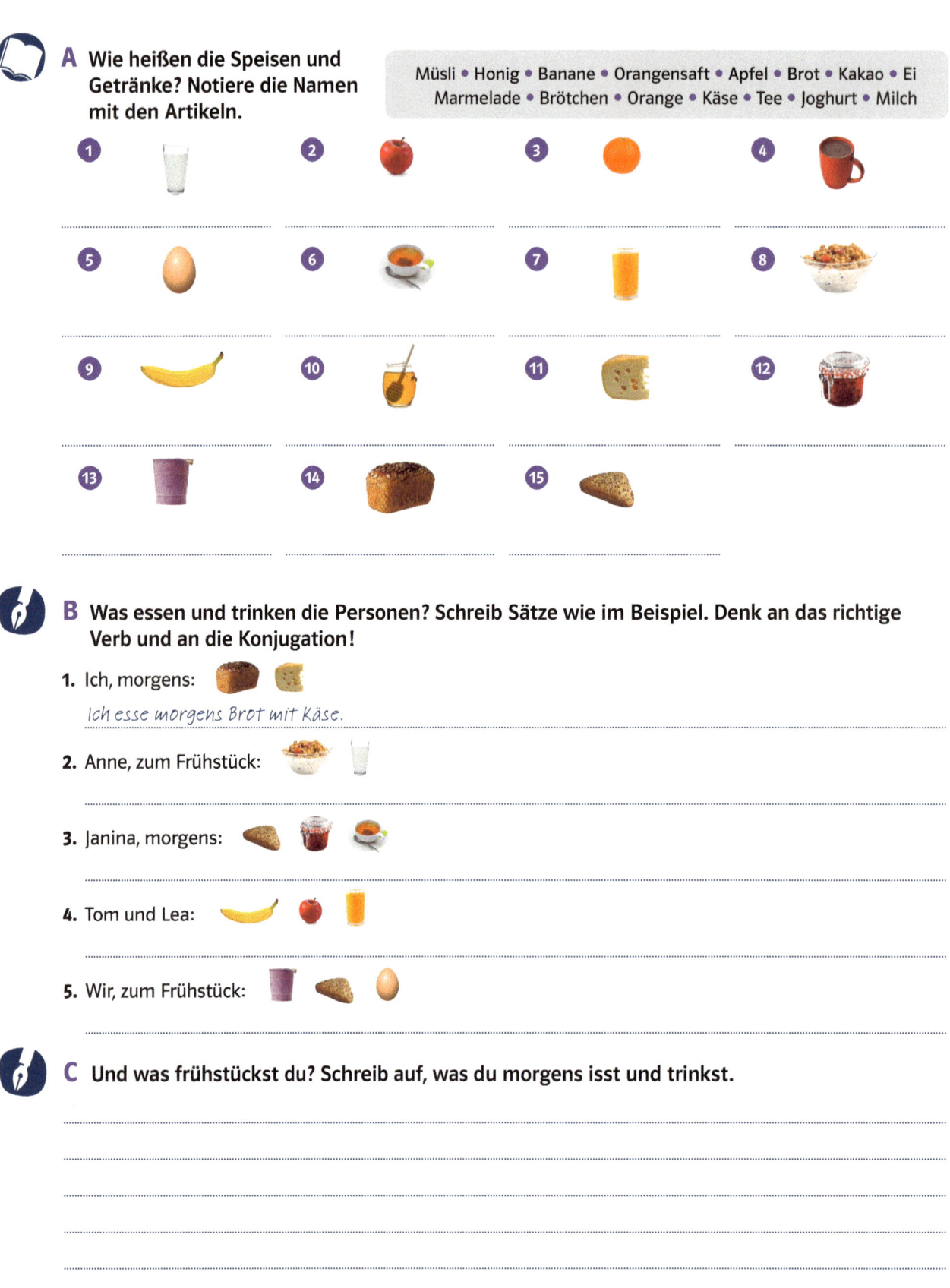

B Was essen und trinken die Personen? Schreib Sätze wie im Beispiel. Denk an das richtige Verb und an die Konjugation!

1. Ich, morgens:
   Ich esse morgens Brot mit Käse.

2. Anne, zum Frühstück:

3. Janina, morgens:

4. Tom und Lea:

5. Wir, zum Frühstück:

C Und was frühstückst du? Schreib auf, was du morgens isst und trinkst.

Schritt 1 • So essen wir bei uns 5

2 Wann isst du?

A Lies die Tabellen. Was und wann essen Julia und Daniel heute? Vergleiche.

Daniel	Was?	Wann?
Zu Mittag	Brot mit Käse + Salat	13:15 Uhr
Zu Abend	Karottensuppe + Hühnchen mit Kartoffelpüree	19:30 Uhr

Julia	Was?	Wann?
Zu Mittag	Salat + Schnitzel mit Kartoffeln	13:30 Uhr
Zu Abend	Brot mit Schinken + Joghurt	19:00 Uhr

Julia isst um .... zu Mittag, aber Daniel

B Und du? Schreib auch.

3 In der Schulmensa

A Hör das Gespräch. Was gibt es diese Woche in der Mensa zu essen? Notiere.

	Montag	Dienstag	Mittwoch	Donnerstag	Freitag
Vorspeise	Salat	Gemüse	Salat		Salat
Hauptspeise				Hühnchen mit Kartoffeln und Spinat	
Nachtisch	Eis*	Obstsalat	Joghurt*	Apfelkuchen**	Vanillepudding

*mit Laktose   **mit Gluten

B Hör noch einmal und markiere: Richtig (R) oder falsch (F)?

1. Lilly kann am Dienstag und Mittwoch in der Mensa essen. ☐
2. Sie ist Vegetarierin. ☐
3. Daniel kann kein Fleisch essen. ☐
4. Er hat eine Milchallergie. ☐
5. Max kann kein Gluten essen. ☐
6. Er kann Fleisch und Gemüse essen. ☐

C Was isst du gern, was isst du nicht gern? Wie findest du die Speisen auf dem Speiseplan?

Mein Lieblingsessen ist
Ich mag auch

D Erstelle den perfekten Mensa-Speiseplan für dich. Du kannst auch ein Wörterbuch benutzen.

	Montag	Dienstag	Mittwoch	Donnerstag	Freitag
Vorspeise					
Hauptspeise					
Nachtisch					

5

1 Was kostet ...?

A Was passt zusammen? Verbinde und ergänze.

a. eine _Tasse_ Tee
b. eine .... Limonade
c. ein .... Orangensaft
d. eine .... Wasser
e. eine .... Pommes
f. ein .... Kuchen

B Was ist falsch? Korrigiere die Sätze.

1. Eine Flasche Pommes, bitte! ....
2. Jana trinkt ein Stück Cola. ....
3. Daniel isst eine Dose Spaghetti. ....
4. Zwei Gläser Pizza mit Salami, bitte! ....
5. Lilly trinkt zum Frühstück eine Portion Milch. ....

C Hör die Gespräche und kreuze an: Richtig oder falsch?

	richtig	falsch
1. Ein Glas Wasser kostet 2 Euro.	☐	☐
2. Der Junge muss 2,60 Euro bezahlen.	☐	☐
3. Das Mädchen bestellt eine Bratwurst mit Mayo.	☐	☐

D Lies die Speisekarte. Stell dir vor, du hast 6 Euro. Was bestellst du? Erzähle.

Speisen

	mit Brötchen	mit Pommes
zwei Frikadellen	1,70 Euro	3,10 Euro
Bratwurst	1,90 Euro	3,30 Euro
Currywurst	2,00 Euro	3,40 Euro
Schnitzel mit Soße	3,30 Euro	4,70 Euro

Pizza, ein Stück	1,80 Euro
Pommes frites	1,70 Euro
Ketchup, Mayonnaise, Soße	0,20 Euro
Brötchen	0,30 Euro
Kuchen, ein Stück	1,50 Euro

IMBISS EXPRESS
Getränke

	Flasche 0,5l	Dose 0,33l	Glas 0,2l
Cola	2,20 Euro	1,80 Euro	1,20 Euro
Limonade	2,00 Euro	1,70 Euro	1,10 Euro
Apfelsaft	2,20 Euro	1,60 Euro	1,10 Euro
Mineralwasser	2,00 Euro		1,00 Euro

	Tasse
Kaffee	1,50 Euro
Tee	1,40 Euro

Mit sechs Euro kann ich ....

Schritt 2 • Was darf's sein?

2 An der Imbissbude

 A Hör zu. Du bist die Bedienung: Was bestellt Lilly? Notiere auf dem Zettel.

 B Hör noch einmal. Wie viel muss Lilly bezahlen? Notiere. Such die Speisen und Getränke auf der Speisekarte links und rechne: Stimmt der Preis?

 C Lies die Sätze. Was sagt der Kunde oder die Kundin, was sagt die Bedienung, was sagen beide? Ergänze die Tabelle.

1. ~~Guten Tag!~~   2. Nein, tut mir leid.
3. Wir haben kein …   4. Was darf's sein?
5. Und zu trinken?   6. Dann nehme ich …
7. Alles zusammen macht … Euro, bitte.
8. Möchtest du …?   9. Sonst noch etwas?
10. Ich möchte …   11. Haben Sie …?
12. Danke!   13. Hier, bitte!

Kunde / Kundin	Bedienung	beide
		Guten Tag!

 D Was bestellt die Kundin? Ergänze das Gespräch.

● Guten Tag!
○ ....
● Tut mir leid, wir haben keine Döner.
○ ....
● Ja, möchtest du zwei Frikadellen mit Brötchen oder mit Pommes?
○ ....
● Möchtest du Ketchup oder Mayonnaise zu den Pommes?
○ ....
● Und zu trinken?
○ ....
● Das macht zusammen 5,10 Euro, bitte.
○ ....

 E Lies deine Antwort in Aufgabe 1D und schreib einen passenden Dialog.

 **F** Spielt die Dialoge gemeinsam in der Klasse.

5

1 Das Verb essen

A Tom schreibt dir eine E-Mail. Ergänze die fehlenden Verben in der richtigen Form.

Hallo ...,
wie geht es dir? Mir geht es gut. Du möchtest wissen, was wir normalerweise .... (essen)? Wenn ich Schule .... (haben), ... (essen) ich morgens Müsli mit Joghurt und .... (trinken) Tee. Ich .... (gehen) nie ohne Frühstück in die Schule. Und am Wochenende .... (essen) ich Brot mit Marmelade. Meine kleine Schwester Marina .... (essen) das auch gern! Und manchmal .... (trinken) sie ein Glas Orangensaft, aber nicht immer. In der Schulpause .... (essen) meine Freunde und ich Obst oder einen Müsliriegel. Und du? Was .... (essen) du zum Frühstück? Und in der Pause?
Liebe Grüße
Dein Tom

B Schreib Tom eine E-Mail. Beantworte seine Fragen.

Hallo Tom,

Dein(e)

2 Sätze mit aber

A Was essen Paula und Tom zu Mittag? Vergleiche. Schreib Sätze mit **aber**.

Zu Mittag
Paula Fleisch mit Reis und Gemüse
Tom   Wiener Schnitzel mit Pommes

Zu Mittag isst Paula Fleisch mit Reis und Gemüse, aber

Paula 12:30 Uhr
Tom   13:00 Uhr

Zu Abend
Paula Brot mit Käse
Tom   Brötchen mit Wurst und Tomate

Paula 18:30 Uhr
Tom   19:30 Uhr

B Was passt zusammen? Verbinde.

1. Ich esse gern Currywurst,
2. Leon frühstückt gern viel und lang,
3. Tina findet Spaghetti lecker,
4. Ich möchte gern ein Brot mit Salami essen,
5. Herr Maier nimmt einen Döner,

aber er hat meistens keine Zeit.
aber ohne Soße.
aber ich habe nur ein Brot mit Schinken.
aber sie kann kein Gluten essen.
aber das ist nicht sehr gesund.

46 sechsundvierzig

Gramma-Tipps EXTRA 5

3 Das Modalverb können

A Ergänze die Nachrichten im Chat mit **können** in der richtigen Form.

> **timo334:** Was .... du essen? Hast du Allergien?
>
> **andy005:** Ja, ich habe eine Laktoseintoleranz.
>
> **timo334:** O je, du Armer! Meine Schwester auch. Sie .... kein Joghurt essen. Du auch nicht, oder?
>
> **andy005:** Genau! Viele Menschen .... kein Joghurt essen und keine Milch trinken. Aber Fleisch, Gemüse und Obst .... ich essen.
>
> **timo334:** Na, dann ist das nicht so schwierig. Wir .... zusammen kochen! Ist das OK?

B Schreib Sätze mit den Wörtern.

1. ich • können • ein bisschen Deutsch • sprechen • .

   ....

2. Nasrine • haben • Hunger • .

   ....

3. wir • sein • laktoseintolerant • .

   ....

4. mein Vater • haben • eine Tomatenallergie • .

   ....

5. ihr • können • Pizza • bestellen • .

   ....

4 Bestellen mit **ich möchte** und **ich nehme**

Was bestellt Familie Zhang im Restaurant? Ergänze.

1. Der Vater An möcht......... eine Frikadelle und eine Dose Cola.
2. Die Mutter Tam n............... eine Bratwurst mit Pommes und eine Flasche Wasser.
3. Tang und Bing n............... zwei Dosen Limonade. Und sie möcht......... zwei Portionen Pommes essen.
4. Und die Großeltern n............... ein Stück Pizza und ein Glas Apfelsaft.

5 Die Höflichkeitsform Sie

Du oder Sie? Schreib die Sätze neu.

1. Udo, möchtest du Zucker?

   Herr Jürgens, *möchten Sie Zucker* ?

2. Was nehmen Sie, Frau Merkel?

   ...., Angela?

3. Michael, isst du gern Pommes?

   Herr Schuhmacher, ... ?

4. Steffi, trinkst du auch eine Cola?

   Frau Graf, ... ?

5. Frau Klum, haben Sie Hunger?

   Heidi, ... ?

6. Herr Gómez, brauchen Sie Hilfe?

   Mario, ... ?

7. Herr Asamoah, kommen sie auch zum Spiel?

   Gerald, ... ?

8. Karl, gehst du nach der Schule nach Hause?

   Herr Lagerfeld, ... ?

siebenundvierzig

5

1 Lebensmittel und Speisen

Der, die oder **das**? Schreib vor jedes Wort den richtigen Artikel.

- .... Butter
- .... Fleisch
- .... Eis
- .... Milch
- .... Tomate
- .... Kuchen
- .... Spaghetti
- .... Schinken
- .... Brot
- .... Gemüsesuppe
- .... Berliner
- .... Müsli
- .... Reis
- .... Kartoffelsalat
- .... Obst
- .... Frikadelle
- .... Apfel
- .... Brezel
- .... Bratwurst
- .... Ei
- .... Marmelade
- .... Brötchen
- .... Orange
- .... Salami
- .... Kartoffel
- .... Gemüse
- .... Pudding

2 Wie isst du wann?

A Lies die Sätze. Wie essen die Personen?

viel • wenig • schnell • gesund • langsam

1. Ines hat heute keine Zeit! Sie isst ....
2. Es gibt heute Spaghetti: Lecker! Thomas hat viel Hunger. Er isst ....
3. Max mag kein Döner und keinen Kuchen. Sein Körper ist wichtig! Er mag Suppe, Gemüse, Reis. Er isst ....
4. Dora hat morgens keinen Hunger. Sie frühstückt ....
5. Gerd brauche viel Zeit. Er isst immer ....

B Und wie isst du? Beschreibe.

3 Mengenangaben

A Welches Wort passt nicht? Streich durch.

1. eine Dose — Cola • Milch • Limonade
2. ein Stück — Spaghetti • Pizza • Kuchen
3. eine Flasche — Milch • Saft • Kaffee
4. eine Portion — Brötchen • Kartoffelsalat • Eis
5. eine — Wurst • Brezel • Müsli
6. einen Teller — Berliner • Spaghetti • Suppe
7. eine Tasse — Kakao • Marmelade • Milch

B Welche Mengen passen zu den durchgestrichenen Wörtern in 3A? Notiere. Es gibt viele richtige Möglichkeiten.

4 Preise

Wie viel kosten die Speisen und Getränke? Rechne aus und schreib Sätze.

 = 1,90 Euro

 = 4,20 Euro

 = 4,50 Euro

 = 3,50 Euro

+ = 4,60 Euro

Eine Portion Pommes kostet

48 achtundvierzig

Lexi-Spiele EXTRA 5

Mahlzeiten

wichtige Verben

essen

Getränke

Meine Wörter
Welche Wörter und Ausdrücke aus dieser Lektion sind für dich wichtig?
Ergänze die Mindmap. Du kannst auch Fotos einkleben oder Bilder malen.

neunundvierzig 49

5

🎧 Hören → Goethe A1 – Fit in Deutsch 1, Hören Teil 2

Was essen Lilly und Julia? Hör zu und kreuze die richtige Antwort an.

1. Julia hat …
   - a. eine halbe Stunde Pause.
   - b. um zwei Sport-AG.

2. Lilly mag Currywurst …
   - a. mit Soße.
   - b. ohne Soße.

3. Julia isst …
   - a. Spaghetti.
   - b. Salat.

4. Lilly isst …
   - a. in der Imbissbude.
   - b. eine Currywurst

📖 Lesen

Lies den Text und kreuze an: Richtig oder falsch?

Restaurant Küche Fantastisch!

„Februar All-you-can-Eat"

im Restaurant *Fantas Tisch* für nur 15,00 Euro pro Person

IM FEBRUAR ESSEN UNSERE KUNDEN FÜR NUR 15,00 EURO ALLES, WAS SIE MÖCHTEN!

NEU: Leckere Gerichte für Vegetarier und Veganer! Spezielle Menüs für Allergiker.

Fragen Sie unsere Bedienung.

Das Angebot gilt von Montag bis Freitag, 12.00 – 15.00 Uhr
Samstag und Sonntag: 18 Euro • Preise ohne Getränke.

Pizza, Hamburger, Schnitzel, Suppen, Wurst, Spaghetti, …
Wir haben auch ein großes Salatbuffet und Nachtisch!

Unsere Adresse: Schillerstraße 15 • Reservierungen unter 07777-888110

	R	F
1. Im Restaurant können die Kunden für 15 Euro essen und trinken.		
2. Es gibt Speisen, Salate und Nachtisch.		
3. Alle Speisen sind für Vegetarier und Veganer.		
4. Das Angebot gilt mittags.		
5. Am Wochenende kostet das Essen 15 Euro.		

Ich bin Deutschprofi! 5

Sprechen

→ Goethe A1 – Fit in Deutsch 1
Sprechen Teil 2 und 3

A Zu zweit.

Partner/-in A: Lies das Thema und das Wort auf Karte A. Stell eine Frage. Dein Partner / Deine Partnerin antwortet.

Partner/-in B: Lies das Thema und das Wort auf Karte B. Stell eine Frage. Dein Partner / Deine Partnerin antwortet.

A   Thema: Essen
Frühstück

B   Thema: Essen
Käse

B Zu zweit.

Partner/-in A: Sieh dir Karte A an. Formuliere eine Bitte, Aufforderung oder Frage wie im Beispiel. Dein Partner / Deine Partnerin reagiert.

Partner/-in B: Sieh dir Karte B an. Formuliere eine Bitte, Aufforderung oder Frage wie im Beispiel. Dein Partner / Deine Partnerin reagiert.

Schreiben

Lies noch einmal Lillys Blogeintrag auf Seite 72 im Kursbuch. Schreib eine kurze Antwort. Beantworte die Fragen in den Kästen. Denk an die Anrede und an den Gruß am Schluss.

Wann frühstückst du?   **Was isst du?**   **Wie viel isst du?**

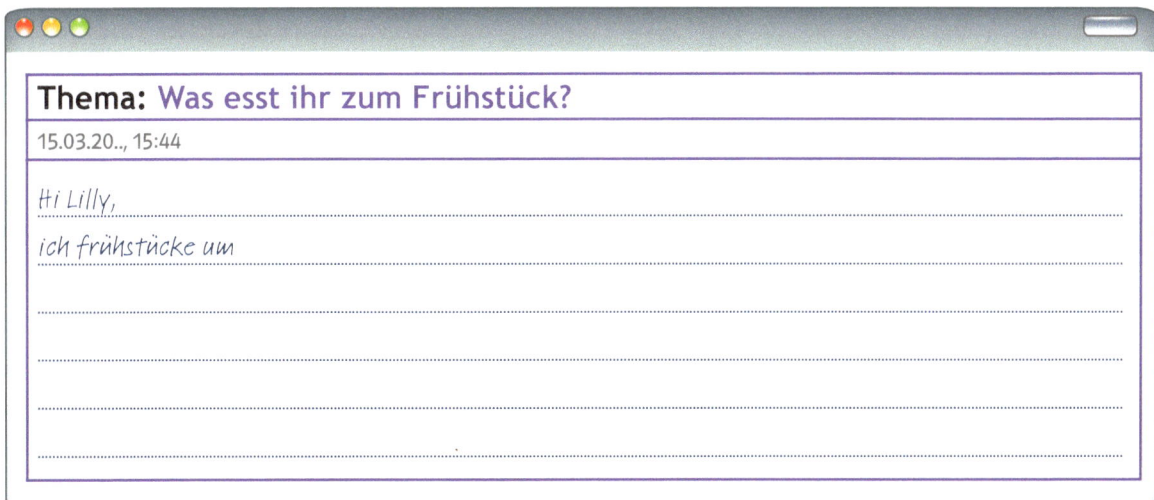

Thema: Was esst ihr zum Frühstück?
15.03.20.., 15:44

Hi Lilly,
ich frühstücke um

einundfünfzig   51

6 Geschichten erzählen

1 Geschichten genießen

 A Wie heißen die Sachen? Notiere die Namen mit Artikel und Plural.

....
....

....
....

 B Lies die Texte und überlege: Was möchten die Personen? Schreib Vermutungen. Die Wörter unten helfen.

vielleicht   bestimmt   wahrscheinlich

bestimmt nicht   sicher

> Lesen? Nein, das mag ich nicht. Ich bin ein Sport-Typ. Ich liebe Fußball, Tennis, Hockey, ... Alle Sportarten! Ein Fußballspiel im Stadion: Das finde ich toll!

David

....
....
....
....

Annika

> Ich liebe Hip-Hop. Ich höre zu Hause in meinem Zimmer Musik. Aber meine Eltern mögen kein Hip-Hop und sagen immer: „Annika, mach die Musik aus!"

Anton

> Ich liebe Musik! Ich habe auf meinem Handy einen Streaming-Dienst und höre immer Musik: Ich habe alles! Ich lese auch gern, am liebsten Romane. Ich habe nicht viele Romane.

 C Ergänze die Sätze.

1. Lucia liegt auf .... Sofa und liest.
2. Jürgen liegt in .... Hängematte und schläft.
3. Katrin und Anne sind .... Park und spielen Fußball.
4. Timo spielt .... Zimmer Videospiele.
5. Lena ist in .... Bibliothek und lernt.
6. Mein Matheheft ist in .... Schultasche.
7. Aber mein Mathebuch ist zu Hause auf .... Tisch. Oh, nein!
8. Meine Sporttasche ist in .... Musikraum.
9. Essen wir heute in .... Mensa?
10. Nein, wir essen auf .... Schulhof.

Schritt 1 • Der beste Lesestoff 6

 D Wo sind meine Sachen? Sieh dir das Foto an und schreib Sätze mit den folgenden Wörtern.

in   auf   unter   neben   vor   hinter

1. Die Schere ist im Mäppchen.
2.
3.
4.
5.
6.

2 Was liest du?

 A Liest du? Beantworte die Fragen in ganzen Sätzen.

1. Wie viele Bücher liest du pro Jahr?

2. Wann und wo liest du?

3. Wie heißt dein Lieblingsbuch?

4. Was ist dein Lieblingsgenre?

5. Liest du Bücher aus der Bibliothek?

6. Wie viele Bücher hast du in deinem Zimmer?

7. Liest du gern?

B Ergänze das Kreuzworträtsel mit den passenden Adjektiven. Was ist das Lösungswort?

1. Das Buch ist eine Liebesgeschichte. Es ist …
2. Die Geschichte ist eine Komödie. Sie ist …
3. Das Buch erzählt eine wahre Geschichte. Es ist …
4. Technik, Maschinen, Roboter: das ist sehr …
5. Monster und Zombies? Sehr … !

Lösungswort: Ein .... schreibt Bücher.

dreiundfünfzig 53

1 Einleitung: Pixie ist weg!

A Stell dir vor, deine Schule hat auch ein Maskottchen. Wie ist es? Mal ein Bild und ergänze den Text.

Willkommen in ....

Heute ist der ....

Das ist ein .... Tag für alle Schüler. Wir haben endlich ein Maskottchen! Es heißt ....!

Das ist eine Idee von den Schülerinnen und Schülern von der ....

.... ist ganz besonders: Es ist kein(e) .... ,

es ist kein(e) ....

Es ist eine Mischung aus ....

und .... Unser Maskottchen ist sehr ....

B Pixie ist weg! Ela fragt auch dich. Schreib Antworten.

1. Wie heißt du?
   ....
2. Wo warst du gestern um 15.00 Uhr?
   ....
3. Wer war mit dir?
   ....

C Lies die Sätze und ergänze die richtige Form von **sein** oder **haben** im Präteritum.

1. Herr Berg .... gestern in der Bibliothek.
2. Frau Lang .... viel Arbeit.
3. Der Hausmeister .... nicht im Klassenzimmer.
4. Die Schüler der Sport-AG .... auf dem Schulhof.
5. Silke und Matthias .... ein wichtiges Spiel.

Schritt 2 • Ein Krimi-Hörbuch   6

2 Hauptteil: Die Fantastischen Drei ermitteln.

 A Bastian fragt. Wen fragt er? Kreuze an. Achte auf die Verbformen!

	Herr Berg	Silke und Matthias	Ela
1. „Wo wart ihr gestern?"		X	
2. „Waren Sie im Musikraum?"			
3. „Wo warst du denn?"			
4. „Sie sind seit 8.00 Uhr in der Schule, richtig?"			
5. „Hast du mehr Informationen?"			
6. „Hattet ihr gestern Sport?"			

 B Wer hat Pixie? Hör das Gespräch der Fantastischen Drei und kreuze an: Was glauben Ela, Bastian und Florian?

Silke	Herr Berg	Herr Jung

 C Hör noch einmal. Wer ist das? Ergänze die Sätze.

1. .... war beim Verhör sehr nervös.
2. .... hatte vielleicht Pixie in der Hand.
3. .... sagt, der Kunstlehrer war komisch.
4. .... findet das Maskottchen blöd.

3 Schluss: Ich war's!

 A Ergänze die fehlenden Wörter.

1. Herr Jung findet Paul den Papagei ....
2. Herr Jungs .... heißt Lucie.
3. Herr Jung kann Pixie nicht ....
4. Herr Berg .... alles.
5. Die Schüler der Kunst-AG hatten viel ....
6. Pixie ist wieder .... !
7. .... gut, alles gut!

B Hör zu und kontrolliere deine Antworten.

6

1 Der Dativ

Bilde Sätze mit den Wörtern. Denk an den Kasus.

1. ich • schenken • das Mädchen • eine Blume — *Ich schenke dem*
2. Johanna • kaufen • das Kind • ein Fußball
3. die Kinder • machen • die Eltern • eine Karte
4. der Lehrer • geben • die Schüler • die Prüfung
5. du • leihen • deine Schwester • das Buch • ?
6. die Klasse • machen • die Lehrerin • eine Überraschung

2 Ortsangaben

A Ergänze die Sätze mit den Wörtern im Kasten.

unter dem • in der • in der • auf dem • im • im

1. Johann ist *im* Labor. Er hat Chemie.
2. Wo ist mein Kuli? Er war .... Tisch!
3. Dein Kuli ist .... Federmäppchen.
4. Wo ist die Katze? Ist sie .... Küche?
5. Ja! Sie liegt .... Tisch.

B Denk an drei Personen. Wo sind sie jetzt? Schreib Sätze.

Mein Bruder ist

3 Personalpronomen im Akkusativ

A Lies den Text und markiere die Personalpronomen.

<u>Rot</u> • im Akkusativ   <u>Blau</u> • im Nominativ

Ich heiße Jürgen und bin aus Köln. Ich habe einen Zwillingsbruder, Peter. Ich mag ihn sehr. Peter nennt mich Jott, ich nenne ihn Pe. Wir finden es lustig. Meine Eltern mögen es nicht: Sie verstehen uns nicht. Aber das ist okay. Ich verstehe sie manchmal auch nicht. Eine Schwester haben wir auch, sie heißt Jette. Jette ist 20 Jahre alt und wohnt in Berlin. Ich sehe sie nicht oft – schade!

B Schreib die Sätze neu. Benutze Personalpronomen wie im Beispiel.

1. Peter mag <u>Thomas</u> nicht.
2. Lena macht <u>die Hausaufgaben</u> morgen.
3. Sie ruft <u>Jonas und mich</u>.
4. <u>Meine Eltern</u> arbeiten heute.
5. <u>Der Kuchen</u> ist sehr lecker!

Gramma-Tipps EXTRA 6

4 Modalverben: müssen, können, dürfen, wollen

A Lies den Dialog und wähle die richtigen Verben.

● Hallo, Mark! Was machst du heute?
○ Hallo, Annette! Ich **muss** • ~~darf~~ noch Hausaufgaben machen. Doof! Später **will** • **muss** ich am Computer spielen. Und du?
● Ich **muss** • **darf** Karten für das EFF-Konzert kaufen! Julia und ich **können** • **wollen** am Samstag zusammen hingehen.
○ Was? Ihr geht auf das Konzert? Wow! Ich **darf** • **will** nicht. Meine Eltern finden das nicht gut.
● Oh, wie schade! **Kannst** • **Darfst** du deine Eltern noch einmal fragen? Wir gehen doch auch. Alle zusammen ist vielleicht okay?
○ Ich weiss nicht ... Aber ich **kann** • **muss** es versuchen. Das Konzert ist bestimmt super!
● Ja, bestimmt! Frag sie. Oh, ich **kann** • **muss** jetzt gehen. Aber ich rufe dich später an. Tschüss, und viel Glück!

B Was musst, kannst, darfst oder willst du morgen machen? Was musst, kannst, darfst oder willst du morgen nicht machen? Schreib vier Sätze.

Ich muss heute Hausaufgaben machen, aber ....

....

....

....

5 Präteritum von sein und haben

A Lies die Sätze und schreib sie im Präteritum.

1. Lorena hat keine Hausaufgaben.
   Lorena hatte keine Hausaufgaben.
2. Die Schüler haben heute einen Ausflug.
   ....
3. Ich habe keine Zeit.
   ....
4. Habt ihr heute Musikunterricht?
   ....
5. Wir haben Hunger!
   ....

B Wie warst du früher? Schreib vier Sätze über dich.

....

....

....

....

6

1 Vermutungen ausdrücken

Sieh dir das Foto an und beantworte die Fragen mit Vermutungen.

1. Von wem ist das Geschenk?

2. Was ist das Geschenk?

3. Wie findet das Mädchen das Geschenk?

4. Was will das Mädchen lieber?

5. Wer ist das Mädchen links?

2 Genres

Lies die Titel. Was für ein Genre kann das sein? Schreib Vermutungen.

1. *Lais von Secca*

2. DAS GRUSELIGE KLASSENZIMMER

3. Zeit für Reime

4. Die fünf Türme

5. BERINGSTRASSE 9

3 Geschichten schreiben

Welches Wort passt nicht? Streich durch.

1. Thriller: spannend • gruselig • ~~romantisch~~
2. Komödie: lustig • traurig • chaotisch
3. Science Fiction: echt • realistisch • modern
4. Biographie: traurig • echt • gruselig
5. Gedicht: romantisch • stressig • traurig

4 Datum und Ordinalzahlen

Beantworte die Fragen. Schreib erst das Datum in Ziffern und dann den ganzen Satz.

1. Wann ist Weihnachten? *25.12. – Weihnachten ist am fünfundzwanzigsten Dezember.*

2. Wann fängt der Winter an?

3. Welcher Tag ist morgen?

4. Wann war der erste Schultag?

Lexi-Spiele EXTRA 6

Bücher

Geschichten erzählen

Medien

Genres

Meine Wörter
Welche Wörter und Ausdrücke aus dieser Lektion sind für dich wichtig? Ergänze die Mindmap. Du kannst auch Fotos einkleben oder Bilder malen.

6

 Hören
→ Goethe A1 – Fit in Deutsch 1
Hören Teil 1

Du hörst drei Nachrichten am Telefon. Zu jeder Nachricht gibt es Aufgaben. Kreuze an: a, b oder c. Du hörst jede Nachricht zweimal.

Hörtext 1

1. Tobis Prüfung ist …
   - a morgen.
   - b am Montag.
   - c am Dienstag.

2. Tobi braucht …
   - a ein Buch.
   - b die Hausaufgaben.
   - c Hilfe.

Hörtext 2

3. Jenny macht einen Filmeabend …
   - a in der Schule.
   - b zu Hause.
   - c bei einem Freund.

4. Sie treffen sich …
   - a um 20.30 Uhr.
   - b um 21.00 Uhr.
   - c um 21.30 Uhr.

Hörtext 3

5. Tim soll …
   - a Pizza essen.
   - b Kuchen essen.
   - c Schnitzel essen.

6. Morgen ist …
   - a Tims Geburtstag.
   - b Omas Geburtstag.
   - c Onkel Bernds Geburtstag.

 Lesen

Lies den Text. Welches Wort passt? Unterstreiche.

Liebe Schülerinnen und Schüler,
der Büchermarkt letztes Jahr [1] *ein großer Erfolg!* [2] *11.05. (Samstag) organisiert die Schule wieder einen Büchermarkt. Alle* [3] *kommen: Schüler und Schülerinnen, Eltern, Lehrer und Lehrerinnen, Familie und Freunde. Auf dem Markt* [4] *ihr viele Bücher kaufen: Fantasy, Science-Fiction,* [5] *, Biographien und vieles mehr! Es gibt auch einen Stand mit Hörbüchern und CDs. Es ist* [6] *für alle etwas dabei!*
Ihr [7] *auch selbst Bücher mitbringen: In der Sporthalle gibt es Tische für* [8] *. Dort könnt ihr eure Bücher zeigen und verkaufen.*
Ab 12.00 Uhr [9] *es in der Kantine Essen und Getränke.*
Vor [10] *Bibliothek verkauft die AG „Lesen" Kaffee und Kuchen. Jedes* [11] *Kuchen kostet 2,00 Euro. Das Geld ist für neue Bücher für die Bibliothek.*
Der Büchermarkt beginnt [12] *9:00 Uhr und geht bis 17:00 Uhr. Wir freuen uns auf euch!*
Herzliche Grüße
die Schulleitung

1. war • ist • gibt
2. Um • Am • Im
3. wollen • dürfen • müssen
4. könnt • müsst • habt
5. Krimis • Roman • Kinos
6. vielleicht • bestimmt • sicher nicht
7. dürft • wollt • habt
8. ihr • ihre • euch
9. gibt • geben • hat
10. die • der • den
11. Stück • Teller • Portion
12. um • am • im

Ich bin Deutschprofi! 6

Sprechen → Goethe A1 – Fit in Deutsch 1, Sprechen Teil 2

A Lies das Thema. Überlege dir dann zu jeder Karte eine Frage.

A Thema: Freizeit	B Thema: Freizeit
Bücher	**Garten**

C Thema: Freizeit	D Thema: Freizeit
Musik	**Theater**

B Zu zweit. Stell deinem Partner / deiner Partnerin deine Fragen. Er/Sie antwortet. Dann stellt er/sie Fragen. Antworte auch.

Schreiben

Du hast diese E-Mail bekommen. Antworte darauf. Beantworte alle Fragen. Denk an Anrede und Schluss (mindestens 30 Wörter).

Hallo … ,

wie geht es dir? Gestern war ich im Kino. Es war super! Ich sehe oft am Wochenende mit meinem Bruder Filme. Gestern haben wir einen Science-Fiction-Film über Roboter gesehen. Der Film war sehr spannend. Ich liebe Science-Fiction. Siehst du auch gern Filme? Welche Genres magst du? Wie heißt dein Lieblingsfilm? Wann und wo siehst du gern Filme?

Schreib mir bald!

Schöne Grüße,

…

7 Freundschaft über Grenzen

1 Berlin International

A In welchen Ländern sind diese Städte? Ergänze die Ländernamen in der Tabelle.

Land	Stadt	Sprache	Land	Stadt	Sprache
Deutschland	Berlin	Deutsch		Warschau	
	Los Angeles			Prag	
	Buenos Aires			Budapest	
	Mexiko-Stadt			Istanbul	
	London			Windhuk	
	Brüssel			Taschkent	
	Paris			Peking	
	Madrid			Tokio	
	Moskau			Jakarta	

B Welche Sprachen spricht man dort? Ergänze auch.

Englisch • Russisch • Türkisch • Polnisch • Französisch • Tschechisch • Ungarisch • Japanisch • Spanisch • Chinesisch

C Wo warst du schon? Welche Sprachen sprichst du? Berichte. Benutze die Wörter in den Kästen.

ein bisschen   gut   sehr gut   fließend / perfekt

Ich war schon in
Ich spreche
Ich lerne

D Kennst du andere Länder? Such dir eins aus, mal die Flagge und ergänze den Text.

Das ist die Flagge von .... Die Farben sind .... Die Hauptstadt von .... ist .... und dort spricht man ....

Schritt 1 • Freundschaft International 7

2 Berlin ist bunt!

A Lies den Text und unterstreiche die Informationen.

<u>Rot</u> • Sprachen und Nationalitäten

<u>Grün</u> • warum man den Karneval der Kulturen feiert

Deutschlands Hauptstadt ist international

In Berlin leben viele Menschen aus der ganzen Welt: Polen, Türken, Russen, Franzosen, Spanier, Italiener, Mexikaner, Brasilianer und viele andere.

5 In Berlin spricht man also viele Sprachen. In der U-Bahn hört man nicht nur Deutsch, sondern auch Russisch, Chinesisch, Spanisch und Französisch. Es gibt auch viele Restaurants mit Spezialitäten aus aller Welt.

10 Berlin ist weltoffen und international. Hier kann man Menschen aus vielen verschiedenen Kulturen treffen. Seit 1994 gibt es deshalb jedes Jahr im Mai den „Karneval der Kulturen": vier Tage voller Musik, Tanz, Kunst und Kultur!

15 Der Karneval der Kulturen (KdK) ist ein urbanes Festival von Menschen aus aller Welt für Menschen aus aller Welt: gegen den Rassismus und für eine Freundschaft aller Nationen.

B Ergänze den Text mit den Verben links in der richtigen Form.

essen   sein
hören   geben
treffen leben
kommen
kennenlernen

In Berlin .... (1) Menschen aus vielen verschiedenen Ländern.
Die Menschen .... (2) aus der ganzen Welt!
Den Karneval der Kulturen .... (3) es seit 1994 in Berlin. Dort kann man viele Kulturen .... (4) und Menschen aus der ganzen Welt .... (5). Man kann auch kulinarische Spezialitäten aus verschiedenen Ländern .... (6) und typische Musik .... (7). Es .... (8) wirklich ein tolles Event!

C Hör zu und kontrolliere deine Antworten.

D Du warst mit einem Freund / einer Freundin in Berlin bei dem Karneval der Kulturen. Deine Freundin Sarah konnte nicht mitkommen. Schreib ihr eine kurze Mail und erzähle über das Fest.

Liebe Sarah,

dreiundsechzig 63

7

1 Unsere Clique

A Hör zu und kreuze an: Richtig oder falsch?

	richtig	falsch
1. Die Freundinnen treffen sich meistens nach der Schule oder in Freistunden.	☐	☐
2. Sie sprechen gern zu Hause.	☐	☐
3. Sie müssen ihre Treffen immer vorher organisieren.	☐	☐
4. Christina ist immer für ihre Freundinnen da.	☐	☐
5. Die Mädchen helfen anderen Menschen über Whatsapp.	☐	☐

B Was passt zusammen? Schreib zu jedem Satz das passende Adjektiv.

1. Mein Freund macht eine Party zu seinem Geburtstag. Ich kann aber nicht hingehen. Mein Freund ist nicht böse. ....
2. Meine Freundin erzählt immer lustige Geschichten. Mit ihr lache ich immer! ....
3. Egal, was passiert: Meine Freundin ist immer für mich da. ....
4. Mein Freund teilt alles mit mir. ....
5. Mein Freund hilft mir bei jedem Problem. ....
6. Meine Freundin ist ganz anders als ich, aber sie akzeptiert mich. ....

hilfsbereit · großzügig · witzig · zuverlässig · offen · verständnisvoll · spontan

C Schreib einen Text über deinen besten Freund oder deine beste Freundin. Die Kästen helfen.

immer für jemanden da sein · Geschenke machen · jemanden verstehen · nichts weitererzählen · teilen

Tipps geben · zuhören · eine Lösung (für Probleme) finden · jemanden akzeptieren · sich streiten

....
....
....
....
....

D Was bedeuten diese Wörter? Ordne sie.   oft · ~~nie~~ · manchmal · immer · meistens · selten

0 %   50 %   100 %

nie

Schritt 2 • So sind Freunde! 7

2 Freundschaft ist ...

A Lies den Text und beantworte dann die Fragen.

Meine beste Freundin heißt Eva. Wir kennen uns seit 1962. Wir waren 10 Jahre alt und haben uns in der Schule kennengelernt. Eva und ich waren in derselben Klasse im Gymnasium.

Am Anfang habe ich Eva nicht gemocht. Sie war groß, hübsch und laut. Eva hat
5 immer laut gesprochen. Alle Jungs haben mit ihr geredet. Ich war klein und still. Ich war meistens allein. Aber ich war sehr gut in der Schule.

Es war Montag, da hat unser Lehrer gesagt: „Am Freitag schreiben wir eine Deutscharbeit." Das war für mich kein Problem. Ich habe gesehen, dass Eva nervös war. Sie konnte nicht still sein.

10 Nach der Schule habe ich Eva gesucht. „Was ist los?", habe ich gefragt. „Die Deutscharbeit: Hast du Angst?" „Ja!" Eva hat geweint. Ich habe sie umarmt und gefragt: „Aber warum?". Eva sagte: „Marie, ich bin so schlecht in Deutsch! Aber meine Eltern sind sehr streng. Schlechte Noten sind schlimm! Mein Vater ist ganz böse, wenn ich eine schlechte Note schreibe." „Eva, das ist kein Problem: Wir lernen zusammen!", habe ich dann gesagt. „Wirklich? Oh, danke!"

15 Wir haben zusammen gelernt und Eva hat eine Zwei bekommen. Seitdem sind wir beste Freundinnen. Schon mehr als fünfzig Jahre! Eva ist sehr positiv und lustig, und auch sehr extrovertiert. Sie hat mir Frank vorgestellt: Frank ist mein Mann. Wir haben drei Kinder.

Eva ist nicht nur meine Freundin, sie ist wie eine Schwester. Wir treffen uns jedes Wochenende. Wir spielen zusammen Karten oder gehen zusammen ins Kino. Im Sommer gehen wir gern in den Park und
20 essen dann ein Eis. Wir reden viel und lachen immer. Ich bin glücklich: Eine gute Freundin ist ein wahres Glück im Leben.

1. Wie heißen die beiden Freundinnen? ....

2. Wie war Eva? ....

3. Was war Evas Problem? ....

4. Was haben die Freundinnen zusammen gemacht? ....

5. Wer ist Frank? ....

6. Wann treffen sich die Freundinnen? ....

7. Was machen die Freundinnen heute zusammen? ....

B Was sagst du? Schreib Aufforderungen im Imperativ.

1. Du hast eine Biologiearbeit und möchtest mit deiner Freundin zusammen lernen.

....

2. Du hast dein Mittagessen vergessen und hast Hunger.

....

3. Du machst eine Geburtstagsparty! Deine Freunde sollen kommen.

....

4. Du hast einen Kuchen für deine Freunde gebacken. Sie sollen ein Stück nehmen.

....

5. Deine Lehrerin, Frau Meyer, darf auch ein Stück Kuchen nehmen.

....

fünfundsechzig 65

7

1 Sätze mit man

A Wo macht man das? Schreib fünf Sätze über Berlin. Der Kasten hilft.

> Currywurst essen • interessante Menschen treffen • joggen • tanzen • viele Sprachen hören
> im Park • überall • in der U-Bahn • auf der Straße • auf dem KdK

überall trifft man

B Was kann man in deiner Stadt machen? Was ist besonders interessant? Schreib auch vier Sätze.

2 Perfekt

Schreib die Sätze im Perfekt.

1. Wir sprechen nur Deutsch.
2. Ich fahre in die Schweiz.
3. Wir gehen ins Kino.
4. Im September kommt er zu mir.
5. Am Abend sehen wir einen Film.

3 Warum und denn

Lies die Fragen und wähle eine Antwort. Schreib dann ganze Sätze wie im Beispiel.

> Ich finde Wien wunderschön.
> Er schickt immer lustige Fotos.
> Sie denkt immer positiv.
> Er vermisst seine Familie.

1. Warum machst du eine Reise nach Österreich?
   Ich mache eine Reise nach Österreich, denn ich finde Wien wunderschön.
2. Warum hat Timo manchmal Heimweh?

3. Warum magst du deinen Cousin in Köln?

4. Warum findest du deine beste Freundin toll?

Gramma-Tipps EXTRA 7

4 Personalpronomen im Dativ

A Und du? Lies die Sätze und antworte wie im Beispiel. Benutze Personalpronomen im Dativ.

1. Ich schenke Maria zum Geburtstag ein Kleid. Und du?
   Ich schenke ihr ein Parfüm.

2. Ich kaufe meinen Eltern zu Weihnachten Karten für das Theater. Und du?

3. Peter bringt der Lehrerin die Hausaufgaben am Montag. Und du?

4. Wir bekommen in der Schule zu viele Hausaufgaben von den Lehrern. Und ihr?

5. Unsere Schulcafeteria gefällt den Schülern sehr gut. Und eure?

B Auch diese Verben benutzt man mit Dativ! Kennst du sie?
Bilde Sätze. Du kannst das Wörterbuch benutzen.

gratulieren   helfen   danken   passen   schmecken

5 Imperativ

A Welche Sätze sind im Imperativ? Markiere.

☐ Hilfe ist gut.
☐ Geben Sie mir den Saft.
☐ Kauf dieses T-Shirt.
☐ Ich kaufe gern ein.
☐ Fahren Sie nach Hause.
☐ Sie geben mir den Saft.
☐ Wir fahren Sie nach Hause.
☐ Seid bitte still.
☐ Hilfst du mir bei den Hausaufgaben?

B Schreib die Sätze im Imperativ.

1. Kannst du mir das Heft geben?
   Gib mir das Heft.

2. Könnt ihr bitte Seite 105 im Buch lesen?

3. Kannst du bitte still sein?

4. Du darfst dir einen Keks nehmen.

5. Kannst du mir bitte die Hand geben?

siebenundsechzig 67

7

1 Länder, Sprachen, Nationalitäten

Ergänze die Tabelle.

Fahne	Land	Bewohner
🇩🇪		
🇦🇹		Österreicher (-) Österreicherin (-nen)
🇨🇭		Schweizer (-) Schweizerin (-nen)
🇫🇷		
🇪🇸	Spanien	

Fahne	Land	Bewohner
🇬🇧		
🇷🇺		
🇦🇷		
🇺🇸		
🇨🇳		

2 Präpositionen

Ergänze die fehlenden Pronomen, Präpositionen und Artikel.

1. Alle meine Freunde sind gegen .... Krieg.
2. Peter! Dieses Geschenk ist .... dich.
3. He! Das ist nicht dein Federmäppchen, es ist von ....!
4. Wartet, ich gehe mit ....! Ihr nehmt auch den Bus, oder?
5. Ich habe mein Geld vergessen. Wer leiht .... fünf Euro für .... Bus?

3 Freundschaft und Charakter

Wie sind Freunde? Ergänze die Adjektive.

1. g ...... ß .... g
2. ...... f f ...... n
3. z ...... v ...... l .... g
4. ...... x .... v ...... t .... t
5. v ...... s t .... v l
6. w ...... t .... g
7. .... l f .... r ...... t
8. t ...... l ...... r .... t
9. p .... t v

4 Sehr, ein bisschen, ziemlich

Beschreibe deinen besten Freund oder deine beste Freundin. Benutze die Wörter in den Kästen.

| gar nicht | nicht sehr | ein bisschen | ziemlich | sehr | total | super |

....
....
....
....

68 achtundsechzig

Lexi-Spiele EXTRA 7

Länder und Sprachen

Charakter

Freundschaft international

Freunde

Meine Wörter
Welche Wörter und Ausdrücke aus dieser Lektion sind für dich wichtig? Ergänze die Mindmap. Du kannst auch Fotos einkleben oder Bilder malen.

neunundsechzig 69

7

Hören

Mike hat gestern seine Freunde getroffen. Wann ist was passiert? Hör das Gespräch zwischen Mike und Michelle und nummeriere die Bilder in der richtigen Reihenfolge.

Schreiben

Deine Clique. Wer sind deine besten Freunde? Beschreibe sie in einem kurzen Text. Geh auf folgende Fragen ein:

> Wie heißen deine Freunde und wie alt sind sie? • Wo trefft ihr euch? Was macht ihr zusammen?
> Wie ist ihr Charakter? • Was gefällt dir an ihnen? Warum seid ihr so gute Freunde?

Sprechen

Ist deine Schule international? Warum (nicht)? Erzähle. Die Kästen helfen.

Schüler und Schülerinnen   Sprachen   Austauschprogramme   Partnerschulen   Projekte

Ausflüge und Reisen   Lehrerinnen und Lehrer

70 siebzig

Ich bin Deutschprofi! 7

Lesen
→ Goethe A1 – Fit in Deutsch 1
Lesen Teil 1

Lies bitte die zwei Anzeigen aus der Zeitung. Lies dann die Fragen und kreuze an: a, b oder c?

Entdecke D-A-CH-L!

Du hast schon immer von einer Reise ins Ausland geträumt?
Das ist deine Chance!

Wir verlosen sechs Reisen für Schülerinnen und Schüler aus aller Welt. Die Gewinner können sich eine Stadt in Deutschland, Österreich, Liechtenstein oder in der Schweiz aussuchen und dort in den Ferien einen Monat lang bei einer Familie leben, einen Sprachkurs besuchen und Kultur und Leute kennenlernen. Und natürlich viele neue Freunde finden! Den Flug, die Unterkunft bei der Familie und den Kurs bezahlen wir.

Interessiert? Dann schreib uns einen Brief und beantworte diese Fragen:

– Warum interessiert dich die Reise?
– Welche Stadt möchtest du kennenlernen?
– Warum lernst du Deutsch?

Mehr Informationen findest du auf unserer Homepage: www. …

Tandempartner gesucht!

Magst du Sprachen? Sprichst oder lernst du Deutsch, Englisch, Spanisch oder Chinesisch? Der Sprachenclub der Internationalen Schule sucht dich!

Wir sind zwölf Schülerinnen und Schüler (Alter: zwischen 12 und 16) und treffen uns jeden Dienstag um 15.00 Uhr vor der Schulmensa. Dort formen wir kleinere Gruppen – eine für jede Sprache – und unterhalten uns über ein Thema. Mitmachen ist kostenlos! Man muss nur interessante Artikel zum Lesen und besprechen mitbringen.

Hast du auch Lust? Dann schick uns eine E-Mail an sprachenclub@…

Beispiel zu Anzeige 1:

0 Das ist eine Anzeige für eine Reise
- [a] nach Deutschland, Österreich, Liechtenstein und in die Schweiz.
- [b] nach ganz Europa.
- [c] in die ganze Welt.

Anzeige 1

1 Die Gewinner
- [a] verreisen mit ihrer Familie.
- [b] treffen auf der Reise ihre Schulfreunde.
- [c] lernen neue Freunde kennen.

2 Auf der Reise
- [a] besuchen sie vier Länder.
- [b] lernen sie Deutsch.
- [c] gehen sie auf die Schule.

3 Die Interessenten müssen
- [a] einen Deutschkurs bezahlen.
- [b] einen Brief schreiben und drei Fragen beantworten.
- [c] die Informationen auf der Homepage lesen.

Anzeige 2

4 In dem Sprachenclub
- [a] lernt man nur Deutsch.
- [b] kann man eine Sprache üben.
- [c] muss man Deutsch, Englisch, Spanisch und Chinesisch sprechen.

5 Der Club trifft sich
- [a] jede Woche.
- [b] jeden Nachmittag.
- [c] zwischen 12 und 16 Uhr.

6 Die Teilnehmer
- [a] bezahlen ganz wenig.
- [b] müssen Artikel schreiben.
- [c] sprechen über interessante Themen.

einundsiebzig 71

8 Kleider machen Leute

1 Klassisch oder casual?

A Sieh dir die Fotos aus dem Kursbuch wieder an. Was tragen die Personen?

1. ....
2. ....
3. ....
4. ....
5. ....
6. ....
7. ....
8. ....
9. ....
10. ....
11. ....

B Wer ist das? Notiere die Namen.

1. Das Model trägt eine grüne Jacke und eine blaue Jeans. *Vincent*
2. Das Model trägt ein dunkles Kleid und Sneakers. ....
3. Das Model trägt ein schwarzes T-Shirt und weiße Turnschuhe. ....
4. Das Model trägt ein weißes T-Shirt und einen blauen Pullover. ....
5. Das Model trägt ein blau-weißes Hemd. ....

C Lies die Beschreibung und unterstreiche die Adjektiv-Endungen.

Das ist Alex. Er trägt gern sportliche Kleider, aber heute nicht. Er sieht total cool aus! Er trägt ein blaues T-Shirt und grüne Sneakers. Er mag Jeans. Heute trägt er eine hellblaue Jeans und einen braunen Gürtel dazu. Er liebt Accessoires! Er trägt eine schwarze New-York-Yankee-Kappe, eine blaue Sonnenbrille und dazu einen originellen braunen Rucksack. Definitiv ein super cooler Look!

D Diese Woche ist es soweit! Du fährst mit deiner Clique am Wochenende weg. Am Samstag seid ihr am Strand, abends gibt es eine Party. Am Sonntag seht ihr die Stadt und ein Museum. Heute packst du deinen Rucksack für die Reise. Was nimmst du mit? Schreib eine Liste.

Ich nehme mit:
– ein blaues T-Shirt
– ....
....
....
....
....
....

Schritt 1 • Das ist mein Stil 8

2 Marken oder No-Name?

 A Wie ist dein Kleidungsstil? Erstelle auch für dich deinen Steckbrief in der linken Spalte der Tabelle.

Name		
Alter		
Lieblingsklamotten und / oder Stil		
Meinung über Markenkleidung		

 B Frag nun deinen Sitznachbarn / deine Sitznachbarin: Wie ist sein/ihr Kleidungsstil? Ergänze die rechte Spalte der Tabelle mit seinen/ihren Antworten. Er/Sie fragt dich auch: antworte. Dein Steckbrief hilft.

 C Im Geschäft. Lies und ordne den Dialog.
- Oh, guck mal! Diese Jacke sieht doch super aus!
- ○ ....
- Es gibt die Jacke auch in blau. Hier! Wie findest du sie?
- ○ ....
- Rot? Wie originell! Sie steht dir. Cool! Wie viel kostet sie denn?
- ○ ....
- Ja, dreihundert Euro ist wirklich viel. Du siehst auch ohne rote Jacke super aus.
- ○ ....
- Wow! Sie steht dir sehr gut. Grün passt zu deinen Augen. Kauf dir die gründe Jacke!
- ○ ....
- Warte … Hier! Die grüne Jacke, Größe M.
- ○ ....
- Ich kaufe mir dieses T-Shirt.
- ○ ....
- Ja, ja, ich weiß …

a. Noch ein T-Shirt? Aber du hast schon so viele!

b. Ja, toll! Die gefällt mir. Ich nehme die grüne Jacke. Und du?

c. Sie kostet … dreihundert Euro?! Wow! Das ist sehr teuer!

d. Meinst du? Ich weiß nicht. Ich finde schwarz nicht schön.

e. Danke. Aber ohne Jacke ist es kalt. Wie findest du die grüne Jacke?

f. Sie ist mir zu groß.

e. Hmmm … Die blaue Jacke gefällt mir. Aber es gibt auch diese rote Jacke.

 D Hör den Dialog und kontrolliere.

 E Zu zweit. Spielt den Dialog.

 F Zu zweit. Schreibt nun selbst einen Dialog ins Heft.

dreiundsiebzig 73

8

1 Mode in der Schule

   A Lies noch einmal den Text aus dem Kursbuch und die Sätze unten und kreuze an: richtig oder falsch?

Willst du Mode lernen?

Wie macht man Mode? Was sind die Trends und Megatrends?

Die Mode-AG am Kant-Gymnasium zeigt dir die wichtigsten Phasen der Kreation. Zuerst findest du eine Idee oder ein Konzept. Dann wählst du die Farben und den Stoff.
5 Zum Schluss kommt die Realisierung. Wir machen viel Handarbeit: Wir nähen, häkeln, stricken und basteln! Das Make-up und die Frisur sind auch kreative Elemente. Und ein paar Accessoires machen deinen Stil noch origineller.

Jedes Jahr besuchen die Schülerinnen und Schüler der
10 Mode-AG die größten Trendmessen, wie die „Ambiente" in Frankfurt, die „Gallery" in Düsseldorf, die „Berlin Fashion Week" in Berlin oder die „in fashion munich" in München. Hier können sie die Modemacher interviewen und alle neuen Trends kennenlernen.

15 Jedes Jahr organisiert die Mode-AG eine Modenschau und die jungen Modedesigner/innen zeigen ihre eigenen Kreationen auf dem Laufsteg.

Hast du Lust? Dann mach mit!!!

Anmeldung bis zum 1. September im Sekretariat

	richtig	falsch
1. Am Kant-Gymnasium kann man eine AG zum Thema „Mode" wählen.	☐	☐
2. In der Mode-AG machen die Schüler nicht nur Kleidung und Accessoires.	☐	☐
3. Die Schülerinnen und Schüler erstellen ihre Kreationen selbst.	☐	☐
4. Die AG besucht jedes Jahr eine große Trendmesse.	☐	☐
5. Auf den Modemessen können die Schülerinnen und Schüler neue Trends vorstellen.	☐	☐
6. Zur Modenschau der Mode-AG kommen bekannte junge Modedesigner.	☐	☐

   B Was ist das? Verbinde die Wörter links mit den Definitionen rechts.

1. Das macht man selbst, nicht mit einer Maschine.
2. Eine Person. Sie erfindet einen Stil und originelle Klamotten und Accesoires.
3. Das ist eine Erfindung. Ein Kleidungsstück, Accesoire, Stil, …
4. Hier laufen Models und zeigen neue Klamotten und Stils.
5. Das ist ein Material. Man benutzt es für Kleider, Hemden, Taschen, …
6. Das hat jede Person. Er kann unterschiedlich sein, zum Beispiel originell, elegant oder komisch.

a. der Laufsteg
b. die Handarbeit
c. der Stoff
d. der Stil
e. der Modemacher
f. die Kreation

Schritt 2 • Modezentrum Deutschland

2 Aus Berlin in die Welt

A Lies den Text und ergänze die Wörter.

Handarbeit   Deutsche   Marke   Frauen

viel Erfolg   Stoffe   Kollektion

Zwei junge .... (1) studieren im Jahre 2008 Modedesign an der Pariser Esmod. Laís ist Brasilianerin und Sofia ist .... (2). Im Jahr 2010 arbeitet Laís für Issey Miyake in Tokyo. In dieser Zeit arbeitet Sofia bei Jean-Paul Gaultier als Assistant Designer. Sie finden ihren Stil im Jahre 2013 und machen zusammen ihre erste .... (3). Zuerst arbeiten sie in Berlin in einem Studio. Sofia wohnt bei ihren Eltern und Laís mit zwei Freundinnen in einer Wohnung. Sie erfinden einen Namen für ihre gemeinsame .... (4): Söolai. Sie lieben die .... (5): Sie häkeln und stricken gern. Gutes Material ist für die Designerinnen ein Muss, und sie benutzen am liebsten feine .... (6) aus Japan. Und dabei bleibt es auch!
Ihre erste Kollektion unter dem Label „Öraasia" entwerfen und präsentieren sie 2015 im Rahmen der Mercedes-Benz Fashion Week Berlin. Die beiden Designerinnen haben sofort .... (7): Viele internationale Stars tragen ihre Kleider, und die bunten, verspielten Designs sind exklusiv und sofort erkennbar.

B Such dir einen Designer oder eine Designerin aus dem Kursbuch, S. 113 aus. Finde Informationen über ihn/sie im Internet und ergänze den Steckbrief.

Name, Geburtsort, Geburtsdatum: ....
Eltern, Kindheit: ....
Schule, Studium: ....
Berufserfahrung: ....
Label(s): ....
Stil: ....

C Schreib nun einen kurzen Text über den Designer / die Designerin. Deine Notizen aus 2B helfen.

8

1 Adjektive mit dem unbestimmten Artikel (N/A)

A Sieh dir die Schaufensterpuppen an: Was tragen sie? Schreib zehn Sätze mit den Wörtern unten.

cool   beige   blau   lang

kurz   schön   rot

schwarz   schick   warm

1. *Er trägt ein blaues Hemd.*
2. ...
3. ...
4. ...
5. ...
6. ...
7. ...
8. ...
9. ...
10. ...

B Ergänze die Adjektivendungen im Text.

Das ist Niklas. Er trägt gern stylisch...... Kleidung. Er hat blond...... Haare und blau...... Augen. Heute trägt er ein...... schwarz...... Hemd und rot...... Schuhe. Er mag weiß...... Hosen. Aber heute trägt er ein...... schwarz...... Jeans und ein...... braun...... Gürtel dazu. Er hat auch viele Accessoires. Er trägt oft ein...... weiß...... Brille und ein...... schwarz...... Hut dazu. Er ist sehr schick! Er trägt auch ein...... dunkl...... Ledertasche. Niklas sieht immer soooo toll aus! 😋

2 Komparativ

Vergleiche. Benutze den Komparativ + **als**.

1. Tina (16 Jahre alt) • Max (15 Jahre alt)
   Tina ist älter
2. Tobias (1,72 m groß) • Sacha (1,65 m groß)
3. Das T-Shirt (sehr cool) • die Jeans (nicht so cool)
4. Ein Auto (120 km/h) • ein Lastwagen (90 km/h)
5. Mathe (sehr schwierig) • Deutsch (nicht schwierig)
6. Der rote Rock (45 €) • der grüne Rock (35 €)

3 Personalpronomen im Dativ

A Schreib die Pronomen in die Tabelle.

dir   sie   dich   euch   es   mich

Ihnen   sie   ihnen   uns   ihr   ihm

ihn   mir   ihm   uns   euch   Sie

Nominativ	Akkusativ	Dativ
ich		
du		
er		
es		
sie		
wir		
ihr		
sie		
Sie		

Gramma-Tipps EXTRA 8

 B Ergänze die fehlenden Wörter.

Die Jacke gefällt ....!

Das ist Alex. Er sucht eine neue Jacke.
Die Jacke gefällt ....

Ohhh! Die Schuhe gefallen ....!

Das ist Ines. Sie liebt rote Schuhe.
Die Schuhe gefallen ....

Gefallen .... die blauen Sneakers?

Ja, die finde ich cool! Die gefallen ....!

Mama, guck mal! Die Schuhe passen ....!

Das sind Lara und Amelia. Die Schuhe passen .... leider nicht.

 C Setze die Wörter in die richtige Reihenfolge und schreib Sätze.

1. schenke • diese Bluse • dir • Ich • .
   Ich schenke ....

2. bestellt • Papa • hat • eine Pizza • euch • .

3. dir • Gefällt • meine neue Sonnenbrille • ?

4. mir • Der rote Pullover • gehört • .

5. Frau Weber • hat • keine Hausaufgaben • uns • gegeben • .

6. Kaufst • bitte • diese Ohrringe • uns • du • ?

4 Verben mit Dativ-Ergänzung

 Welches Verb passt? Markiere.

1. ● Hier liegt eine Jacke. Gehört • Passt sie dir?
   ○ Nein, das ist Bens Jacke.

2. ● Und? Gefällt • Gehört dir die Jacke?
   ○ Eigentlich schon, aber sie steht • passt mir nicht. Sie ist zu groß.

3. ● Wow! Das Kleid passt • steht dir sehr gut. Du siehst super aus!
   ○ Danke!

4. ● Dieser Film gefällt • passt mir überhaupt nicht!
   ○ Wie schade. Ich finde ihn lustig.

5. ● Wem gehört • gefällt dieser Rucksack auf dem Boden?
   ○ Mir! Er gehört • passt nicht unter den Tisch …

siebenundsiebzig 77

8

1 Kleidung und Accessoires

Zu zweit. Welche Kleider und Accesoires findet ihr im Bild? Ihr habt drei Minuten Zeit: Notiert mit je einem Adjektiv. Wer findet mehr?

....
....
....
....

2 Die Zahlen ab 100

Wie viel kosten die Sachen? Schreib Sätze wie im Beispiel.

Der Rock kostet dreihundertdreiunddreißig Euro.

2.598 €   277 €   952 €   185 €
642 €   463 €   333 €   188 €   1.712 €

3 Die Welt der Mode

Lies die Definitionen. Welche Wörter sind gemeint?

1. Das ist eine Handarbeit. Man braucht zwei Nadeln und Wolle. ....
2. Leder, Wolle, Baumwolle und Seide sind … ....
3. Diese Person muss für die Arbeit super aussehen und neue Kreationen tragen. ....
4. Hier treffen sich viele Modedesigner und zeigen die neuesten Modetrends. ....
5. Das sind Farben für das Gesicht. ....

Lexi-Spiele EXTRA 8

- Stil
- internationale Wörter
- **Kleider machen Leute**
- Kleider
- Accessoires

Meine Wörter
Welche Wörter und Ausdrücke aus dieser Lektion sind für dich wichtig? Ergänze die Mindmap. Du kannst auch Fotos einkleben oder Bilder malen.

8

 Hören

A Sieh dir die Fotos rechts an und hör dann die Beiträge. Welches Foto passt am besten zu jeder Person? Ordne zu.

B Hör noch einmal und ergänze die Aussagen.

| Markenklamotten | Kapuzenshirts | Secondhand | Adidas und Puma |

1. Bea trägt am liebsten _____.
2. Dani findet Klamotten von _____ super.
3. Doro kauft am liebsten _____.
4. Martin liebt _____.

 Lesen

Qualität über alles   Shoppen ist super!

Hauptsache: Das trägt nicht jeder!

Lies die Blogeinträge. Welcher Titel passt? Ergänze.

Robert_X   1. _____
Also, mein Lieblingsstück ist eine grüne Jacke mit einem witzigen Print. Ich habe sie vor zwei Jahren in einem kleinen Geschäft in Hamburg gefunden. Sie ist nicht nur praktisch, sondern auch sehr originell, und das liebe ich. Grün ist eigentlich nicht meine Lieblingsfarbe, aber dieses Grün gefällt mir sehr gut.

Marie_forever   2. _____
Letzte Woche bin in mit meiner besten Freundin bummeln. Ich gehe gern in Einkaufszentren, weil es dort viele Geschäfte gibt. Man sieht schöne Sachen, man kann etwas essen, ins Kino gehen … Einfach cool. Eigentlich wollte ich nichts kaufen, aber es gab so viele schöne Sachen. Dann habe ich sie gesehen: Eine Jeans, aber lila! Sie hat mir sofort gefallen und ich habe sie gleich gekauft. Sie ist total bequem und ich möchte sie überhaupt nicht mehr ausziehen!

Sepp_98   3. _____
Ein Pullover. Ein banaler schwarzer Pullover. Er ist aber von Amichi und das ist eine gute Marke. Markenkleidung finde ich gut, denn er sieht noch aus wie neu. Dabei ist er drei Jahre alt und ich trage ihn sehr oft. Schwarz ist auch eine praktische Farbe, denn man kann sie mit allem kombinieren.

Ich bin Deutschprofi! 8

Sprechen

Wähl ein Foto aus. Was trägt die Person? Wie ist der Stil? Beschreibe. Gefällt dir der Look? Warum?

Schreiben → Goethe A1 – Fit in Deutsch 1 Schreiben

Du hast diese E-Mail bekommen. Antworte bitte darauf mit mindestens 30 Wörtern.

Hallo! Mein Name ist Carlota, ich bin 14 Jahre alt und komme aus Spanien. Ich lebe in Valencia und lerne Deutsch in der Schule. Ich möchte später Modedesignerin werden. Ich liebe Mode! Ich kann schon nähen und häkeln und mache selber Accesoires wie Schals und Mützen. Mein Stil ist froh und originell, ich mag helle Farben und dicke Stoffe. Und du? Was ist dein Lieblingsladen? Wie ist dein Stil?
Ich freue mich auf deine Antwort!

Schöne Grüße
Carlota

einundachtzig 81

9 Meine Welt

1 Meine vier Wände

 A Simon ist vor zwei Wochen umgezogen. Sieh dir das Foto an und lies die E-Mail an seine Freundin Birgit. Was ist falsch? Markiere und korrigiere die Fehler in der E-Mail.

An: Birgit Zimmermacher
Mein neues Zimmer!

Hallo Birgit,
endlich sind wir umgezogen! Wir haben hier ein schönes Haus, mit viel Licht und einem großen Garten. Und ich habe sogar mein eigenes Zimmer! Es ist nicht sehr groß, aber ich bin trotzdem total glücklich.
Ganz in der Mitte ist mein Bett. Über dem Bett liegt ein kleiner, grauer Teppich. Links von dem Bett, direkt an der Wand, ist ein großer Schrank. Er steht vor der Tür.
Hinter dem Schrank und dem Bett ist mein kleiner Nachttisch.
Links neben dem Bett ist mein Schreibtisch. In dem Schreibtisch ist mein Computer, und unter dem Schreibtisch sind zwei Bücherregale.
Ich habe in meinem Zimmer ein großes Fenster und sogar eine Tür zum Balkon! Das Zimmer ist mir ein bisschen zu grau – das ist langweilig. Aber bald kaufe ich mir viele Poster und eine coole Lampe für den Schreibtisch.
Nun möchte ich aber von dir wissen! Wie geht es dir? Wie läuft es in der Schule? Wie war Jans Party am Samstag? Ich vermisse euch soo sehr! Schreib mir bitte bald.
Schöne Grüße
Simon

Unter
....

 B Lies den Text noch einmal und beantworte die Fragen.

1. Wie ist Simons neues Haus?

....

2. Was gefällt Simon an seinem Zimmer nicht?

....

3. Was fehlt in Simons Zimmer noch?

....

Schritt 1 • Richtig gemütlich! 9

C Wie ist dein Zimmer? Schreib Sätze. Benutze die Wörter in den Kästen.

vor   rechts   links   neben   hinter   unter   an   über   zwischen

....

....

....

2 Wo wohnt ihr?

A Lies das Interview mit Barbara Egli und ordne die Fragen zu. Eine Frage bleibt übrig.

a. Wie findest du Kreuzberg? • b. Wie findest du Berlin? • c. Barbara, du bist jetzt seit einem Monat in Berlin. Warum? • d. Wie ist deine Wohnung? • e. Ja, das verstehe ich. Wo wohnst du? • f. Wie sind die Menschen?

- Liebe Zuhörerinnen und Zuhörer, bei uns zu Gast im Studio heute ist Barbara Egli! Barbara, danke, dass du heute gekommen bist und herzlich willkommen!
- Danke!

- ....
- Weil Berlin super ist! Aber nicht nur das. Ich bin Sängerin. Hier in Berlin gibt es viele tolle Sachen für mich: Studios, Radios, Konzerte und viel Arbeit; aber auch viele kreative Menschen, viele Kulturen, viel Kultur. Das ist sehr wichtig.

- ....
- Ich wohne in Kreuzberg in einer kleinen Wohnung.

- ....
- Kreuzberg ist super! Die Wohnung ist nicht sehr teuer, es gibt hier viele Restaurants und kleine Lokale, nette Cafés und Geschäfte. Die Menschen hier sind sehr offen und kreativ. Ich fühle mich in Kreuzberg sehr wohl.

- ....
- Meine Wohnung ist klein, aber richtig gemütlich! Ich habe ein großes Bett direkt unter dem Fenster und einen kleinen Nachttisch. Im Wohnzimmer habe ich ein cooles Sofa und einen Tisch für sechs Personen. Meine Freunde kommen oft und wir essen zusammen oder machen zusammen Musik.

- ....
- Ich finde Berlin wunderschön, aber auch chaotisch und voll. Es gibt viele Autos, viele Häuser, viele Menschen, viele Fahrräder … Alles in Berlin ist „viel"! Manchmal brauche ich Ruhe. Dann fahre ich mit dem Fahrrad zum Treptower Park. Der Treptower Park ist mein Lieblingsort in Berlin.
- Barbara, vielen Dank! Liebe Zuhörerinnen und Zuhörer, wir sprechen gleich weiter mit Barbara Egli, jetzt hören wir aber ihren neuesten Song, …

B Hör das Interview und kontrolliere deine Antworten.

C Lies die Sätze und kreuze an: Richtig oder falsch?

	richtig	falsch
1. Barbara kommt aus Berlin.	☐	☐
2. Sie ist Musikerin.	☐	☐
3. Barbara gefällt die Atmosphäre in Kreuzberg.	☐	☐
4. Die Menschen in Kreuzberg sind arrogant.	☐	☐
5. Barbara lädt gern ihre Freunde ein.	☐	☐
6. Barbara mag das Chaos in Berlin.	☐	☐

9

1 „Ich liebe Heidelberg!"

 A Lies noch einmal den Text auf S. 130 im Kursbuch und ergänze den Steckbrief für Heidelberg.

Geografische Lage: ....
Einwohnerzahl: ....
Sehenswürdigkeiten: ....
....
Aktivitäten: ....
....

 B Wo sind diese Gebäude und Sehenswürdigkeiten? Such sie auf der Karte. Verbinde dann die Sätze.

1. Das Rathaus
2. Das Theater
3. Die Heiliggeistkirche
4. Die Alte Brücke
5. Das Karlstor
6. Die Alte Universität
7. Das Schloss
8. Das Kurpfälzische Museum

a. liegt in der Heiliggeiststraße, am Ende der Steingasse.
b. liegt am Universitätsplatz, gegenüber von der Neuen Universität.
c. liegt in der Nähe vom Bahnhof.
d. liegt am Marktplatz.
e. steht über dem Fluss.
f. liegt an der Hauptstraße, gegenüber vom Theater.
g. liegt zwischen der Pföckstraße und der Hauptstraße.
h. liegt im Park.

 C Elias ist am Karlstor und möchte zum Schloss gehen. Er fragt einen Passanten nach dem Weg. Markiere den Weg auf der Karte.

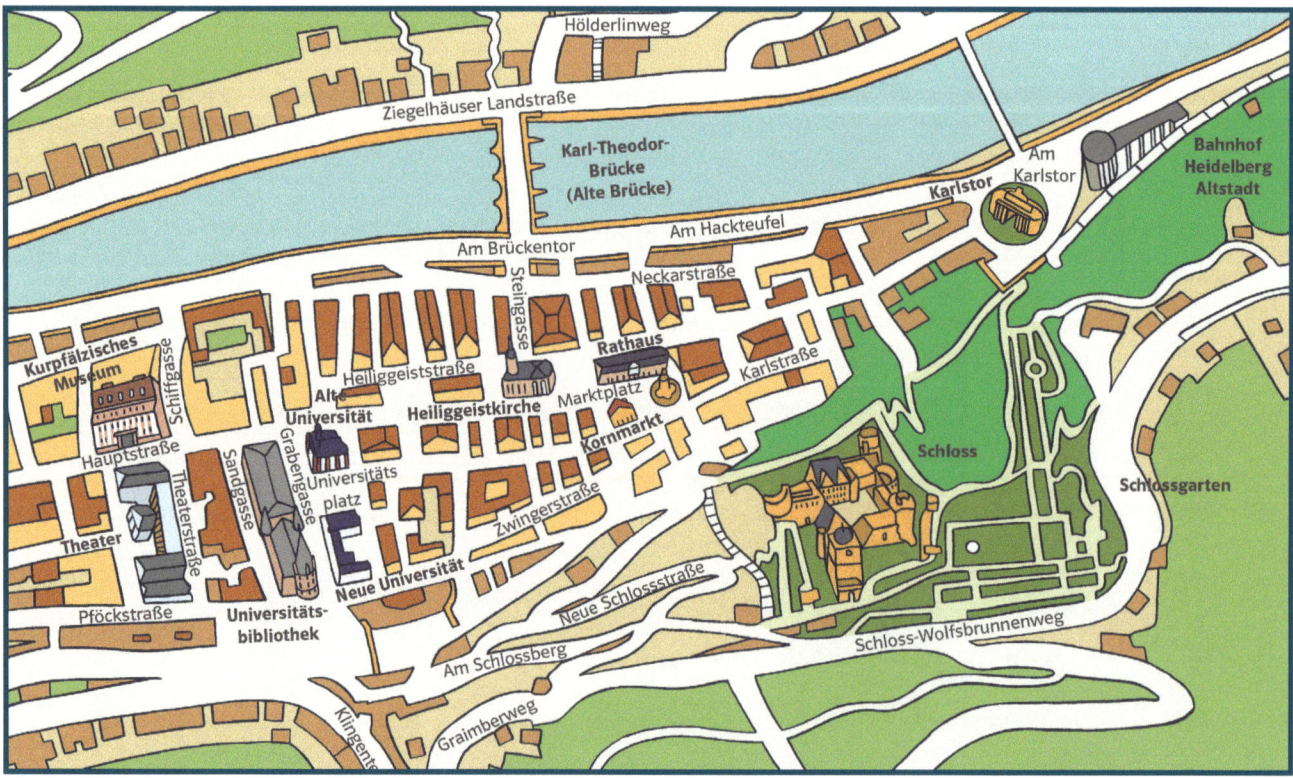

84 vierundachtzig

Schritt 2 • Zwischen alt und neu 9

2 Ein neues Konzept für Heidelberg

A Lies noch einmal die Meinungen der Einwohner von Heidelberg-Bahnstadt und ergänze die Tabelle.

Das finden die Einwohner gut 👍	Das finden die Einwohner nicht so gut 👎	Gemeinsame Aktivitäten im Viertel

> Das neue Viertel ist ganz OK, aber es gibt zu viele Straßen und nur wenige Bäume und Parks. Gut ist: Die Leute planen zusammen die Zukunft der Bahnstadt. Das finde ich toll!

> Für mich ist das Viertel ideal: Ich kann zu Fuß in die Schule und zur Sporthalle gehen. Es gibt auch einen kleinen Park, den Zollhofgarten. Dort treffe ich oft meine Freunde. Hier wohnen aber nicht nur Familien, sondern auch alte Menschen und Studenten. Das ist ein schöner Mix. Wir haben sogar einen Bahnstadt-Chor!

> Die Bahnstadt ist genial! Meine Wohnung ist nah am Hauptbahnhof. Zehn Minuten zu Fuß und ich kann mit dem Zug in die Uni fahren. Manchmal fahre ich auch mit dem Rad. Auch die Architektur ist super: Ich mag das Moderne.

> Ich bin hier glücklich! Das ökologische Konzept finde ich einfach fantastisch! Es fehlen nur noch ein paar Geschäfte – aber die kommen sicher bald. Und ein Café gibt es ja schon.

B Wie ist Heidelberg-Bahnstadt im Vergleich zu deinem Viertel? Was findest du besser, was schlechter? Was ist gleich gut? Schreib einen kurzen Vergleich. Die Tabelle aus 2A hilft.

fünfundachtzig 85

9

1 Ortsangaben (Wo?) und Richtungsangaben (Wohin?)

A Ort oder Richtung? Markiere das richtige Verb.

1. Sonja **stellt • steht** den Stuhl in die Ecke.
2. Das Buch **legt • liegt** auf dem Schreibtisch.
3. Mila **sitzt • setzt** sich aufs Bett.
4. **Lieg • Leg** den Rucksack auf den Boden.
5. Du **stehst • stellst** vor der Tür.

B Wähl die richtige Präposition.

1. Ich stelle die Vase **über • auf** den Tisch.
2. Das Bild hängt **an • auf** der Wand.
3. Das Regal steht **zwischen • über** zwei Fenstern.
4. Die Socke liegt **unter • über** dem Bett.
5. Die Lampe steht **in • an** der Ecke.
6. Der Kuchen steht **in • unter** dem Kühlschrank.
7. Ich hänge die Jacke **an • in** die Wand.
8. Die Lampe hängt **über • auf** dem Sofa.

C So ein Chaos! Tims Eltern sind ausgegangen und Tim hat mit seinen Freunden einen Pizza- und Filmeabend organisiert. Seine Freunde sind schon weg. Jetzt muss Tim aufräumen. Wo liegen die Sachen? Lies den Text und zeichne ins Bild.

Das war ein cooler Abend! Aber jetzt muss ich arbeiten. Auf dem Tisch liegt eine Schachtel. In der Schachtel sind noch zwei Stück Pizza. Die fünf Teller liegen auf dem Teppich: oh weia!
Unter dem Sofa sind zwei DVDs. Super, die habe ich gesucht! Auf dem Sofa liegt Raphaels Mütze. Hat er sie vergessen? Oh, nein! An der Lampe hängt Olivias Schal! Was ist passiert?
Vor dem Fernseher stehen drei leere Flaschen Cola. Zwischen den Sesseln liegt eine leere Packung Saft. Neben der Pflanze, an der Wand, liegen fünf Löffel. Aber ... Wo ist die Packung Eis? Oh, nein! Die liegt neben dem Fenster, in der Ecke. Und das Eis ist auf dem Boden. Igitt!

D Tims Freunde waren auch in seinem Zimmer. Wohin muss er die Sachen räumen? Schreib Sätze. Es gibt mehrere Möglichkeiten.

1. Das Kopfkissen liegt unter dem Bett. *Leg das Kopfkissen auf das Bett.*
2. Die Bücher liegen neben dem Bücherregal. *Stell* _____
3. Der Teppich liegt auf dem Stuhl. _____
4. Die Jacke liegt auf dem Boden. _____
5. Das Handy liegt zwischen den Blumen. _____

Gramma-Tipps EXTRA 9

2 Nebensätze mit weil

A Schreib die Sätze neu. Benutze **weil** statt **wenn**.

1. Ich finde Tobias' Zimmer sehr schön, denn ich interessiere mich auch für Design.

2. Birgits Tipps finde ich interessant, denn sie hat originelle Ideen.

3. Ich möchte nicht auf dem Land wohnen, denn es ist langweilig.

4. Ich bin für mehr Parks in der Stadt, denn man kann dort Sport machen.

B Wo würdest du am liebsten wohnen? Warum? Schreib zwei Sätze mit **weil** und zwei mit **denn**.

| in der Stadt | auf dem Land | in den Bergen | am Meer | im Dorf |

in einer Wohnung   in einem Einfamilienhaus

3 Adjektive mit dem bestimmten Artikel (N/A)

A Lies die Sätze und unterstreiche.

<u>Gelb</u> • Verben   <u>Orange</u> • Wörter im Akkusativ   <u>Grau</u> • Wörter im Nominativ

1. Den großen Spielplatz finde ich toll!
2. Das ökologische Viertel hat die moderne Architektur integriert.
3. Die alte Dame braucht den neuen Supermarkt.
4. Die ganze Stadt findet das moderne Stadion toll!
5. Das alte Schloss ist die wichtigste Sehenswürdigkeit von Heidelberg.

B Nominativ oder Akkusativ? Ergänze die fehlenden Endungen.

1. Ich mag d............ spektakulär............ Architektur von der Elbphilharmonie.
2. D............ schön............ Straßen von Heidelberg prägen das Stadtbild.
3. D............ ökologisch............ Supermarkt ist fantastisch!
4. Wir haben auch d............ hässlich............ Häuser in der Stadt gesehen.
5. Sie bewundern d............ imposant............ Gebäude am Potsdamer Platz.

siebenundachtzig 87

9

1 Möbel und Einrichtung

A In dem Buchstabenrätsel sind 7 Wörter. Finde und notiere sie mit Artikel.

N	E	K	N	I	Y	B	O	D	E	N	D	I	T	V
F	R	G	J	D	R	Q	E	H	X	N	I	E	S	O
Y	A	Q	X	B	E	T	T	T	Q	F	N	D	R	R
Z	C	V	H	O	G	Q	I	W	M	K	L	E	A	H
S	I	T	Z	S	A	C	K	J	G	X	W	C	X	A
T	N	L	O	P	L	B	R	D	A	J	S	K	N	N
I	E	U	T	I	O	K	O	M	M	O	D	E	W	G

1. ....
2. ....
3. ....
4. ....
5. ....
6. ....
7. ....

B Welches Wort passt? Markiere.

1. Das Poster **hängt** • **steht** an der Wand.
2. Der Teppich liegt **auf** • **im** Boden.
3. Der Vorhang hängt **hinter** • **vor** dem Fenster.
4. Der Tisch steht **neben** • **zwischen** dem Fenster und der Tür.
5. Der Schrank **liegt** • **steht** an der Wand.
6. Der Blumentopf steht **unter** • **zwischen** dem Fenster.

2 Da wohne ich

Schreib die Sätze zu Ende.

in den Bergen • am Meer • am Fluss • am See

1. Heidelberg liegt …
2. Zürich liegt …
3. Salzburg liegt …
4. Bremerhaven liegt …

3 Orientierung in der Stadt

Ergänze die Dialoge. Die Bilder helfen.

● Entschuldigen Sie, wie komme ich am besten zum Schloss?

○ Also, wir sind hier auf dem Philosophenweg. Zuerst gehen Sie .... (1) ⬆ bis zur Alten Brücke. Dann gehen Sie .... (2) ↗ die Karl-Theodor-Brücke, am Brückentor .... (3) ⬆. Dann gehen Sie .... (4) ↗ den Marktplatz. Dann gehen Sie .... (5) ↪ in die Zwingerstraße bis zur Bergbahn. Schließlich fahren Sie hoch bis zur ersten Station. Sie gehen .... (6) ⬆ und sind schon da.

● Vielen Dank, auf Wiedersehen.

Lexi-Spiele EXTRA 9

Stadt

wohnen

Meine Welt

Möbel

Meine Wörter
Welche Wörter und Ausdrücke aus dieser Lektion sind für dich wichtig? Ergänze die Mindmap. Du kannst auch Fotos einkleben oder Bilder malen.

neunundachtzig 89

9

🎧 Hören

A Hör das Interview mit Nina. Welcher Titel passt am besten? Kreuze an.

☐ Ein idealer Platz für junge Leute   ☐ Ein grüner Ort für Alt und Jung   ☐ Supermarkt und Bioladen

B Hör noch einmal und beantworte die Fragen.

1. Warum wohnt Nina gern in Heidelberg-Bahnstadt?
   ....

2. Wer wohnt in Ninas Haus?
   ....

3. Interessiert sich Nina für Ökologie?
   ....

4. Warum fährt Nina manchmal in die Altstadt?
   ....

📖 Lesen

a. Eine voll dynamische Stadt
b. Mitten in der Stadt – mitten in der Natur!
c. Ein Ort für Naturfreunde
d. Eine romantische Stadt

Lies die Blogeinträge und wähle für jeden den passenden Titel. Ein Titel bleibt übrig.

Lukas ....
Ich wohne in einer Wohnung in der Altstadt von Salzburg. Es ist zwar eine Stadt, aber sie ist nicht sehr groß und nicht sehr laut. Durch das Fenster sehe ich die Mozartbrücke und den Fluss Salzach. Man kann dort gut spazieren gehen und Rad fahren. Und vom Stadtzentrum kann man direkt auf den Kapuzinerberg gehen, dort gibt es Wildschweine. Für Obelix wäre das sicher toll. Mein Zimmer ist klein und sehr gemütlich. Am liebsten sitze ich in meinem grünen Sessel und höre Musik! Aber nein, nicht immer Mozart! 🙂 Mit meinem Rad bin ich in fünf Minuten in der Schule und in zehn Minuten im Schwimmbad.

Caroline ....
Ich wohne in einem Einfamilienhaus in einem Dorf auf Helgoland. Das ist eine Insel in der Nordsee. Mein Hobby ist unser Garten: Wir haben dort viele Blumen, und einen Teil, wo wir Gemüse anbauen. Eigene Karotten, die schmecken so lecker! Mein Zimmer ist im ersten Stock. Es ist recht groß mit einem eigenen Balkon. Meine Wände sind sonnengelb, und das brauche ich auch, denn bei uns ist es oft grau. Bei uns kann man toll am Strand spazieren gehen oder surfen. Deshalb kommen viele Touristen zu uns. Sie lieben die Natur – und ich auch. Ich bin jetzt in einer Gruppe: Ökologie und Tourismus. Das macht echt Spaß und ist gut für die Insel.

Karsten ....
Also, ich wohne in Berlin Mitte, also im Stadtzentrum von Berlin. Ich finde das Großstadtleben genial. Es ist so viel los bei uns, da ist es nie langweilig! Jedes Wochenende kann ich etwas anderes machen: skaten, ins Theater gehen, ein Konzert hören … Und am Sonntag gehe ich mit meinen Eltern essen. Unsere Wohnung ist klein, aber *no problem*! Bei uns im Haus wohnen viele nette Leute, die man besuchen kann. Manchmal gehe ich zu der italienischen Familie im 2. Stock, manchmal zu Herrn Thalmann aus Zürich im 4. Stock. Aber am liebsten treffe ich mich mit Mateo und Bruna von nebenan. 🙂

Ich bin Deutschprofi! 9

Sprechen → Goethe A1 – Fit in Deutsch 1
Sprechen Teil 2

Zu zweit. Einer von euch liest die Karten A, der/die andere liest Karten B. Stell zu jeder Karte eine Frage. Dein Partner / Deine Partnerin antwortet. Dann ist dein Partner / deine Partnerin dran. Antworte auch.

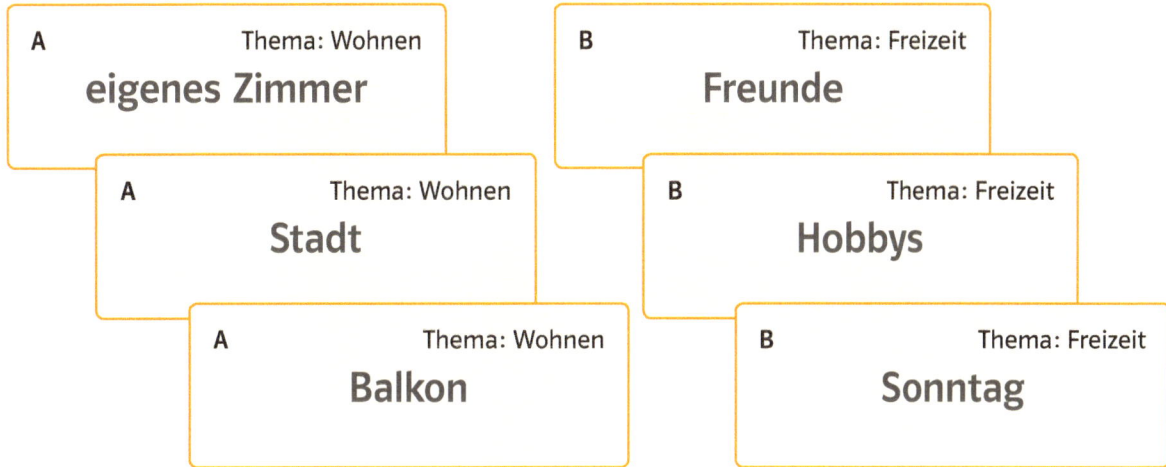

Schreiben

Ein Freund / Eine Freundin aus einer anderen Stadt kommt nächste Woche zu Besuch. Schreib ihm/ihr eine E-Mail und beschreibe deine Stadt oder dein Stadtteil.

Liebe/-r

Schöne Grüße,

einundneunzig 91

Grammatik

1 Verben

A Schwache Verben (regelmäßig)

	Präsens	Perfekt	Präteritum
ich	wohne	habe gewohnt	wohnte
du	wohnst	hast gewohnt	wohntest
er / es / sie	wohnt	hat gewohnt	wohnte
wir	wohnen	haben gewohnt	wohnten
ihr	wohnt	habt gewohnt	wohntet
sie / Sie	wohnen	haben gewohnt	wohnten

B Sein und haben

sein	Präsens	Präteritum
ich	bin	war
du	bist	warst
er / es / sie	ist	war
wir	sind	waren
ihr	seid	wart
sie / Sie	sind	waren

haben	Präsens	Präteritum
ich	habe	hatte
du	hast	hattest
er / es / sie	hat	hatte
wir	haben	hatten
ihr	habt	hattet
sie / Sie	haben	hatten

C Starke Verben (mit Vokalwechsel)

	schlafen (a > ä)	sprechen (e > i)	sehen (e > ie)
ich	schlafe	spreche	sehe
du	schläfst	sprichst	siehst
er / es / sie	schläft	spricht	sieht
wir	schlafen	sprechen	sehen
ihr	schlaft	sprecht	seht
sie / Sie	schlafen	sprechen	sehen
weitere starke Verben	tragen, anfangen, fahren, gefallen, fallen	essen, geben, treffen, vergessen	lesen, empfehlen

D Liste der wichtigsten unregelmäßigen Verben

Infinitiv	Präsens, 3. Person Singular	Perfekt, 3. Person Singular	Deine Sprache
fahren	fährt	ist gefahren	
gefallen	gefällt	hat gefallen	
laufen	läuft	ist gelaufen	
schlafen	schläft	hat geschlafen	
tragen	trägt	hat getragen	

essen	isst	hat gegessen	
geben	gibt	hat gegeben	
lesen	liest	hat gelesen	
sehen	sieht	hat gesehen	

nehmen	nimmt	hat genommen	
treffen	trifft	hat getroffen	
sprechen	spricht	hat gesprochen	

Wie heißen diese Verben in deiner Sprache? Du kannst diese Spalte selbst ausfüllen.

Infinitiv	Präsens, 3. Person Singular	Perfekt, 3. Person Singular	Deine Sprache
schwimmen	schwimmt	ist geschwommen	
schreiben	schreibt	hat geschrieben	
finden	findet	hat gefunden	

Infinitiv	Präsens	Perfekt	
gehen	geht	ist gegangen	
kommen	kommt	ist gekommen	

F Trennbare Verben

- **ab-** ab|holen, ab|fahren, ab|reisen …
- **an-** an|fangen, an|kommen, an|rufen, an|ziehen …
- **auf-** auf|räumen, auf|schreiben, auf|stehen …
- **aus-** aus|gehen, aus|schlafen …
- **durch-** durch|gehen, durch|fahren, durch|lesen …
- **ein-** ein|kaufen, ein|laden, ein|schlafen, ein|steigen …
- **mit-** mit|bringen, mit|gehen, mit|machen, mit|nehmen …
- **vor-** vor|stellen, vor|spielen …
- **weg-** weg|gehen, weg|nehmen …
- **zu-** zu|hören, zu|schauen …
- **zurück-** zurück|fahren, zurück|kommen …

G Modalverben

- im Präsens

	wollen	sollen	müssen	können	mögen
ich	will	soll	muss	kann	mag
du	willst	sollst	musst	kannst	magst
er / es / sie	will	soll	muss	kann	mag
wir	wollen	sollen	müssen	können	mögen
ihr	wollt	sollt	müsst	könnt	mögt
sie / sie	wollen	sollen	müssen	können	mögen

- im Präteritum

	wollen	sollen	müssen	können	mögen
ich	wollte	sollte	musste	konnte	mochte
du	wolltest	solltest	musstest	konntest	mochtest
er / es / sie	wollte	sollte	musste	konnte	mochte
wir	wollten	sollten	mussten	konnten	mochten
ihr	wolltet	solltet	musstet	konntet	mochtet
sie / sie	wollten	sollten	mussten	konnten	mochten

Grammatik

2 Artikelwörter und Pronomen

A Bestimmte Artikel

	Maskulin	Neutrum	Feminin	Plural
Nominativ	der Hund	das Pferd	die Katze	die Hunde
Akkusativ	den Hund	das Pferd	die Katze	die Hunde
Dativ	dem Hund	dem Pferd	der Katze	den Hunden

* Diese Endungen benutzt man auch für Demonstrativpronomen (*diese, diesen, …*) und das Fragewort *welch-*.

B Unbestimmte Artikel

	Maskulin	Neutrum	Feminin	Plural
Nominativ	ein Hund	ein Pferd	eine Katze	Ø Hunde
Akkusativ	einen Hund	ein Pferd	eine Katze	Ø Hunde
Dativ	einem Hund	einem Pferd	einer Katze	Ø Hunden

* Diese Endung benutzt man auch für Possessivpronomen (*mein, meiner, meinen, …*) und für *kein-*.

C Personalpronomen

	Singular					Plural			Höflichkeitsform
Nominativ	ich	du	er	es	sie	wir	ihr	sie	Sie
Akkusativ	mich	dich	ihn	es	sie	uns	euch	sie	Sie
Dativ	mir	dir	ihm	ihm	ihr	uns	euch	ihnen	Ihnen

D Weitere Pronomen

	Reflexivpronomen	Possessivpronomen
ich	mich	mein
du	dich	dein
er	sich	sein
es	sich	sein
sie	sich	ihr
wir	uns	unser
ihr	euch	euer
sie	sich	ihr
Sie	sich	Ihr

3 Deklination der Adjektive

• mit dem bestimmten Artikel

	Maskulin	Neutrum	Feminin	Plural
Nominativ	der grüne Hut	das coole Lied	die schicke Hose	die neuen Schuhe
Akkusativ	den grünen Hut	das coole Lied	die schicke Hose	die neuen Schuhe

• mit dem unbestimmten Artikel

	Maskulin	Neutrum	Feminin	Plural
Nominativ	ein grüner Hut	ein cooles Lied	eine schicke Hose	neue Schuhe
Akkusativ	einen grünen Hut	ein cooles Lied	eine schicke Hose	neue Schuhe

4 Wechselpräpositionen

Mit Dativ (Ort) *Wo ist / gibt es / steht / liegt ...?* ⊙	Mit Akkusativ (Richtung) *Wohin stellt / legt / geht ...?* ➡
im Regal / in der Schule	in das Regal / in die Schule
am Fluss / an der Wand	an den Fluss / an die Wand
auf dem Sofa / auf dem Tisch	auf das Sofa / auf den Tisch
neben dem Regal / neben der Schule	neben das Regal / neben die Schule
über dem Schrank / über der Tür	über den Schrank / über die Tür
unter dem Fenster / unter der Lampe	unter das Fenster / unter die Lampe
vor dem Schrank / vor der Schule	vor den Schrank / vor die Schule
hinter dem Tisch / hinter der Tür	hinter den Tisch / hinter die Tür
zwischen dem Sofa und der Lampe	zwischen das Sofa und die Lampe

| in dem ➡ im |
| an dem ➡ am |

| in das ➡ ins |
| auf das ➡ aufs |
| an das ➡ ans |

5 Wortstellung im Satz

A Aussagesätze mit zwei Verben

Position 1	Position 2 (Hilfsverb / Modalverb)		Satzende (Hauptverb)
Du	kannst	gut	schwimmen.
Heute	habe	ich ein T-Shirt	gekauft.
Lorena	möchte	morgen gern einen Film	sehen.

B Aussagesätze mit trennbaren Verben

Position 1	Position 2 (Verb)		Satzende (Präfix)
Ich	gehe	in fünf Minuten	weg.
Sandra	kauft	gern	ein.

C Ja-/Nein-Fragen

Position 1	Position 2 (Verb)		Satzende
Bist	du	Anna	?
Spricht	Bianca	Deutsch	?
Könnt	ihr	nicht	schwimmen?

D W-Fragen

Position 1 (Fragewort)	Position 2 (Verb)		Satzende
Wer	ist	das	?
Was	machst	du	?
Wo	können	wir in Ruhe	sprechen?

E Aufforderungen (Imperativ)

Position 1 (Verb)	
Sei	leise!
Geht	bitte raus.
Nehmen	Sie sich ein Stück Kuchen.

Bildquellen

Cover, 15.3 stock.adobe.com (Taigi), Dublin; **4.1** stock.adobe.com (Multiart), Dublin; **4.2** Shutterstock (wavebreakmedia), New York; **4.3** Bigstock (monkeybusinessimages), New York, NY; **4.4** Shutterstock (iofoto), New York; **4.5** Getty Images (c8501089), München; **4.6** Getty Images (hjalmeida), München; **5.1** stock.adobe.com (Luckyboost), Dublin; **5.2** Bigstock (Irena_Geo), New York, NY; **5.3** iStockphoto (CareyHope), Calgary, Alberta; **5.4** Thinkstock (Ingram Publishing), München; **5.5** stock.adobe.com (Maya Kruchancova), Dublin; **5.6** Thinkstock (moodboard), München; **6.1** Shutterstock (VGstockstudio), New York; **6.2** Getty Images (BorupFoto), München; **6.3** Getty Images (SensorSpot), München; **6.4** Getty Images (max-kegfire), München; **7.1** Shutterstock (studiogi), New York; **7.2** stock.adobe.com (jörn buchheim), Dublin; **7.3** Shutterstock (Lapina), New York; **7.4** Shutterstock (anela.k), New York; **7.5** Shutterstock (Gorodenkoff), New York; **7.6** Shutterstock (wavebreakmedia), New York; **7.7** Shutterstock (CLS Digital Arts), New York; **7.8** Shutterstock (Daxiao Productions), New York; **7.10** Shutterstock (rootstock), New York; **9.9** Shutterstock (Veronika Surovtseva), New York; **10.1** Thinkstock (BananaStock), München; **12.1** Shutterstock (Syda Productions), New York; **12.2** Bigstock (VadimGuzhva), New York, NY; **12.3** Shutterstock (KimSongsak), New York; **12.5** Shutterstock (Gorodenkoff), New York; **12.6** Shutterstock (Syda Productions), New York; **12.6** Shutterstock (Syda Productions), New York; **12.7** Shutterstock (Syda Productions), New York; **12.8** Getty Images (Dean Mitchell), München; **12.9** Shutterstock (Syda Productions), New York; **13.1** Getty Images (bowdenimages), München; **14.1** stock.adobe.com (MIGUEL GARCIA SAAVED), Dublin; **15** stock.adobe.com (utako068), Dublin; **15.1** iStockphoto (PeopleImages), Calgary, Alberta; **15.2.12.22** Dreamstime.com (Lidia Ryzhenko), Brentwood, TN; **15.4** Shutterstock (Fotokostic), New York; **15.6.16.26** Shutterstock (Anton Havelaar), New York; **15.7.17** Shutterstock (Anton_Ivanov), New York; **15.8.18.28** Shutterstock (fluke samed), New York; **15.10** stock.adobe.com (Timmary), Dublin; **15.11.21.31, 44.5, 48.1.8, 51.2** stock.adobe.com (rcfotostock), Dublin; **15.13** Shutterstock (Jakob Fischer), New York; **15.15** iStockphoto (microgen), Calgary, Alberta; **15.15** Dreamstime.com (Lidia Ryzhenko), Brentwood, TN; **15.20** stock.adobe.com (ExQuisine), Dublin; **15.23** Shutterstock (mezzotint), New York; **15.27** Shutterstock (DFree), New York; **15.30** stock.adobe.com (rdnzl), Dublin; **17.1** Getty Images (gradyreese), München; **17.2** Getty Images (jaroon), München; **17.3** Getty Images (PeopleImages), München; **17.4** Getty Images (Monsterstock1), München; **17.5** stock.adobe.com (Ivonne Wierink), Dublin; **18.1** stock.adobe.com (strichfiguren.de), Dublin; **18.2** stock.adobe.com (strichfiguren.de), Dublin; **18.3** stock.adobe.com (strichfiguren.de), Dublin; **18.4** stock.adobe.com (strichfiguren.de), Dublin; **18.5** stock.adobe.com (strichfiguren.de), Dublin; **20.1** stock.adobe.com (yanlev), Dublin; **22.1** iStockphoto (FORGEM), Calgary, Alberta; **23.1** Bigstock (Stormus7), New York, NY; **23.2** iStockphoto (fotokostic), Calgary, Alberta; **23.3** stock.adobe.com (Karin & Uwe Annas), Dublin; **23.3** stock.adobe.com (st-fotograf), Dublin; **23.4** stock.adobe.com (goldbany), Dublin; **23.6** YouTube-Kanal von rabiakina; **23.7** stock.adobe.com (nito), Dublin; **23.8** stock.adobe.com (Petr Malyshev), Dublin; **23.9** stock.adobe.com (Andrzej Tokarski), Dublin; **23.10** Shutterstock (kitzcorner), New York; **23.11** Dreamstime.com (Julián Rovagnati), Brentwood, TN; **24.1, 54.1, 81.1a-6a** iStockphoto (olnik_y), Calgary, Alberta; **25.1** Getty Images (arsenisspyros), München; **25.2** stock.adobe.com (stuporter), Dublin; **25.3** stock.adobe.com (Konstantin Kulikov), Dublin; **25.4** stock.adobe.com (Dmitry Pichugin), Dublin; **27.1-8, 28.1-5** stock.adobe.com (DoraZett), Dublin; **27.9.10** stock.adobe.com (Alexander Potapov), Dublin; **32.1** stock.adobe.com (Christophe Fouquin), Dublin; **32.2** stock.adobe.com (Christian Schwier), Dublin; **32.3** iStockphoto (Steve Debenport), Calgary, Alberta; **32.4** Klett-Archiv (Nina Mundy Kindermann), Stuttgart; **32.5** Dreamstime.com (Jacek Chabraszewski), Brentwood, TN; **32.6** Thinkstock (klikk), München; **32.7** Klett-Archiv (Nina Mundy Kindermann), Stuttgart; **32.8** Shutterstock (Syda Productions), New York; **33.1** iStockphoto (Antagain), Calgary, Alberta; **33.2** Dreamstime.com (Elliot Westacott), Brentwood, TN; **33.3** Dreamstime.com (Atman), Brentwood, TN; **33.4** iStockphoto (klikk), Calgary, Alberta; **33.5** stock.adobe.com (3dmavr), Dublin; **33.6** iStockphoto (adventtr), Calgary, Alberta; **33.7** Thinkstock (PhotoObjects.net), München; **34.1, 38.1** stock.adobe.com (Trueffelpix), Dublin; **35** stock.adobe.com (Julien Eichinger), Dublin; **35** stock.adobe.com (pbombaert), Dublin; **35** stock.adobe.com (Björn Wylezich), Dublin; **35** stock.adobe.com (taesmileland), Dublin; **35** stock.adobe.com (Scisetti Alfio), Dublin; **35.2** stock.adobe.com (taddle), Dublin; **35.6, 38.5** Dreamstime.com (Boltenkoff), Brentwood, TN; **35.8** Dreamstime.com (Shishir Bansal), Brentwood, TN; **36.15** Dreamstime.com (Anton Starikov), Brentwood, TN; **37.1-3** stock.adobe.com (iuneWind), Dublin; **38** stock.adobe.com (cevahir87), Dublin; **38** Dreamstime.com (Vivilweb), Brentwood, TN; **38.3** Dreamstime.com (Muratcan Karagöz), Brentwood, TN; **38.6** iStockphoto (artisteer), Calgary, Alberta; **42.1** stock.adobe.com (ohmphongsakon), Dublin; **42.2, 48.4.6** Dreamstime.com (Baibaz), Brentwood, TN; **42.3** stock.adobe.com (amenic181), Dublin; **42.4** Dreamstime.com (Kooslin), Brentwood, TN; **42.4, 44.4** stock.adobe.com (pixindy), Dublin; **42.5** stock.adobe.com (emuck), Dublin; **42.6** Dreamstime.com (Tilo), Brentwood, TN; **42.7** iStockphoto (subjug), Calgary, Alberta; **42.8** iStockphoto (PicturePartners), Calgary, Alberta; **42.9** stock.adobe.com (BillionPhotos.com), Dublin; **42.10** stock.adobe.com (Ian 2010), Dublin; **42.11** stock.adobe.com (Mara Zemgaliete), Dublin; **42.12** stock.adobe.com (Valerii Zan), Dublin; **42.12** stock.adobe.com (Elisabeth Coelfen), Dublin; **42.13** stock.adobe.com (akf), Dublin; **42.14, 51.3** stock.adobe.com (Tim UR), Dublin; **42.14** Dreamstime.com (Gary Woodard), Brentwood, TN; **44.1** Dreamstime.com (Feng Yu), Brentwood, TN; **44.2, 48.5.2** stock.adobe.com (gcpics), Dublin; **44.3** stock.adobe.com (DenisNata), Dublin; **44.6, 51.1.6** Dreamstime.com (Steven Crabbé), Brentwood, TN; **44.7** stock.adobe.com (buzzerbeater), Dublin; **44.8** Shutterstock (Artco), New York; **45.1** stock.adobe.com (pabijan), Dublin; **47.1** Dreamstime.com (Monkey Business Images), Brentwood, TN; **48.2.9** stock.adobe.com (ExQuisine), Dublin; **48.3.7** iStockphoto (micropic), Calgary, Alberta; **50.1** Dreamstime.com (Sergey Novikov), Brentwood, TN; **52.7-9** Bigstock (gstockstudio), New York, NY; **52.1** Shutterstock (Alexander Dashewsky), New York; **52.2** Shutterstock (zcw), New York; **52.3** Shutterstock (ozanuysal), New York; **52.4** Shutterstock (Fernandodiass), New York; **52.5** Shutterstock (IANINAS), New York; **52.6** Shutterstock (Leszek Glasner), New York; **53.1** Bigstock (muslimova), New York, NY; **55.1.4** Dreamstime.com (Thomas Lammeyer), Brentwood, TN; **55.2.3** stock.adobe.com (pololia), Dublin; **55.5** Getty Images (graphixel), München; **58.1** Bigstock (AntonioGuillem), New York, NY; **62.1** Thinkstock (Serhii Brovko), München; **62.2** stock.adobe.com (Dvarg), Dublin; **62.3** stock.adobe.com (Dvarg), Dublin; **62.4** stock.adobe.com (Dvarg), Dublin; **62.5** stock.adobe.com (Dvarg), Dublin; **62.6** stock.adobe.com (Dvarg), Dublin; **62.7** stock.adobe.com (Dvarg), Dublin; **62.8** stock.adobe.com (Dvarg), Dublin; **62.9** stock.adobe.com (Dvarg), Dublin; **62.10** stock.adobe.com (Dvarg), Dublin; **62.11** stock.adobe.com (Dvarg), Dublin; **62.12** stock.adobe.com (Dvarg), Dublin; **62.13** stock.adobe.com (Dvarg), Dublin; **62.14** stock.adobe.com (Dvarg), Dublin; **62.15** stock.adobe.com (Dvarg), Dublin; **62.18** stock.adobe.com (vectorine), Dublin; **63.1** Shutterstock (Sergey Kohl), New York; **64.1** Shutterstock (strichfiguren.de), New York; **64.2** stock.adobe.com (strichfiguren.de), Dublin; **64.3** stock.adobe.com (strichfiguren.de), Dublin; **64.4** stock.adobe.com (strichfiguren.de), Dublin; **64.5** stock.adobe.com (strichfiguren.de), Dublin; **64.6** stock.adobe.com (strichfiguren.de), Dublin; **64.7** stock.adobe.com (strichfiguren.de), Dublin; **65.1** Getty Images (Hero Images), München; **66.1** stock.adobe.com (Daniel Berkmann), Dublin; **68** stock.adobe.com (dikobrazik), Dublin; **70.1** Getty Images (demaerre), München; **70.2** Getty Images (Tholer), München; **70.3** Getty Images (oneinchpunch), München; **70.4** Getty Images (oneinchpunch), München; **70.5** Getty Images (Hemera Technologies), München; **70.6** Getty Images (oneinchpunch), München; **71.1** stock.adobe.com (seanlockephotography), Dublin; **72.1** iStockphoto (Ridofranz), Calgary, Alberta; **72.1** iStockphoto (Olesya22), Calgary, Alberta; **72.2** Thinkstock (m-imagephotography), München; **72.2** stock.adobe.com (Jörg Lantelme), Dublin; **72.3** iStockphoto (fstop123), Calgary, Alberta; **72.3** Thinkstock (Olga_Z), München; **72.4** iStockphoto (Rohappy), Calgary, Alberta; **73.1** Shutterstock (Syda Productions), New York; **73.4** Getty Images (drbimages), München; **74.1** stock.adobe.com (dima_pics), Dublin; **74.2** stock.adobe.com (gertrudda), Dublin; **74.3** iStockphoto (illustrart), Calgary, Alberta; **75.1** Bigstock (JacobLund), New York, NY; **76.1** Shutterstock (modustollens), New York; **76.1** Bigstock (cookiestudio), New York, NY; **76.2** Shutterstock (modustollens), New York; **77.1** Getty Images (gilaxia), München; **77.2** Getty Images (grinvalds), München; **77.3** Getty Images (gilaxia), München; **77.4** Bigstock (VadimGuzhva), New York, NY; **78** stock.adobe.com (Liaurinko), Dublin; **78** Shutterstock (Ruslan Kudrin), New York; **78** Shutterstock (Runrun2), New York; **78** Shutterstock (Lucy Liu), New York; **78** Shutterstock (Tarzhanova), New York; **78** Shutterstock (Adisa), New York; **78** Shutterstock (Tarzhanova), New York; **78** stock.adobe.com (mgp), Dublin; **78.1** Bigstock (Kurhan), New York, NY; **78.10** Shutterstock (demidoff), New York; **80** Getty Images (RyanJLane), München; **80.1** Shutterstock (Creative Lab), New York; **80.1** Shutterstock (Creative Lab), New York; **80.4** Shutterstock (eveliina), New York; **81.1** Bigstock (Olga Sweet), New York, NY; **81.2** Bigstock (rbvrbv), New York, NY; **81.3** Bigstock (buso23), New York, NY; **81.4** Bigstock (Gromovataya), New York, NY; **81.5** Bigstock (bart78), New York, NY; **81.6** Bigstock (New Africa), New York, NY; **82.1** Shutterstock (MrPhotoMania), New York; **84.1, 88.1** stock.adobe.com (sborisov), Dublin; **85.3** stock.adobe.com (Silvy78), Dublin; **85.4** iStockphoto (Todor Tsvetkov), Calgary, Alberta; **85.5** Thinkstock (Wavebreakmedia), München; **85.6** iStockphoto (UberImages), Calgary, Alberta; **85.7** iStockphoto (SilviaJansen), Calgary, Alberta; **85.1-2** stock.adobe.com (pico), Dublin; **86.1** Shutterstock (AVD_88), New York; **88.2** Getty Images (aprott), München; **88.3** stock.adobe.com (photog.raph), Dublin; **88.4** Getty Images (catolla), München